A diversidade sexual na educação e os direitos de cidadania LGBT na escola

A diversidade sexual na educação e os direitos de cidadania LGBT na escola

Marco Antonio Torres

autêntica

Copyright © 2010 SECAD/MEC, Programa de Educação para a Diversidade – ProEx/UFOP

COORDENADORA DA SÉRIE CADERNOS DA DIVERSIDADE
Keila Deslandes

CONSELHO EDITORIAL
Adriano Roberto Afonso do Nascimento – UFMG
Ana Maria Jacó-Vilela – UERJ
Carla Cabral – UFRN
Érika Lourenço – UFMG
Keila Deslandes – UFOP
Mônica Rahme – USP
Richard Miskolci – UFSCar
Sylvia Favarini Mitraud – Yale University

PROJETO GRÁFICO
Tales Leon de Marco

EDITORAÇÃO ELETRÔNICA, REVISÃO E PRODUÇÃO GRÁFICA
Autêntica Editora

Dados Internacionais de Catalogação na Publicação (CIP)
(Câmara Brasileira do Livro, SP, Brasil)

Torres, Marco Antonio
  A diversidade sexual na educação e os direitos de cidadania LGBT na escola / Marco Antonio Torres. -- Belo Horizonte : Autêntica Editora ; Ouro Preto, MG :UFOP, 2010. -- (Série Cadernos da Diversidade)

  Bibliografia.
  ISBN 978-85-7526-489-8

  1. Desigualdade social 2. Discriminação sexual 3. Educação - Finalidades e objetivos 4. Identidade de gênero 5. Papéis sexuais 6. Preconceitos 7. Valores (Ética) I. Título. III. Série.

10-07824   CDD-370.114

Índices para catálogo sistemático:
1. Educação em valores 370.114
2. Valores éticos : Educação 370.114
3. Valores humanos na escola : Educação 370.114

Sumário

Introdução..7

Capítulo 1 - A compreensão da sexualidade
por meio da diversidade sexual......................................9

Capítulo 2 - Argumentos contrários à noção de
diversidade sexual nas configurações sociais..........19

Capítulo 3 - As sexualidades, o preconceito
contra LGBT e a escola...31

Capítulo 4 - A cidadania LGBT nas
configurações da educação formal e da
educação não formal..49

Considerações finais..65

Referências...69

Introdução

Neste caderno propomos trabalhar com a noção de diversidade sexual para analisarmos o preconceito na educação, especificamente nas escolas. Este trabalho pretende ser um instrumento de auxílio aos/às educadores/as e pode ser socializado com os/as alunos/as, com os/as colegas de trabalho, de acordo com o bom senso de cada profissional. Qualquer material deve ser analisado e utilizado sempre a partir das lógicas e das condições contextuais das escolas.

O objetivo central é multiplicar as possibilidades de reflexão sobre as diversidades e promover ações que levem ao seu reconhecimento na educação. Para isso, nos fundamentamos no conceito de **configuração social**, que permite identificar alterações e permanências dos argumentos sobre as sexualidades. Este conceito, também conhecido como figuração social, foi elaborado por Norbert Elias e possibilita compreender que sujeito e sociedade são categorias inseparáveis em análises psicossociais. Durante todo texto esse conceito será apresentado aos poucos. Salientamos que a diversidade sexual precisa ser compreendida como uma noção em expansão, pois as formas de expressão da sexualidade e a variedade das práticas sexuais são construções sociais e históricas. Sendo assim, chamamos a atenção para o fato de que outras sexualidades ainda poderão nos levar a questionar tudo o que até agora pensávamos sobre diversidade sexual.

No desenvolvimento de nossa reflexão, apresentamos alguns argumentos históricos utilizados para afirmar a heterossexualidade como um modelo único de sexualidade. Focamos a construção desses argumentos no Ocidente cristão, especificamente na sociedade brasileira, em que se verifica a hegemonia de uma cultura religiosa predominantemente católica até o final do século XX. Esses argumentos, assimilados por discursos jurídico e médico, entre outros, articularam-se nos processos educacionais, reiterando a ideia de que as sexualidades não heterossexuais seriam doentias, erradas, desordenadas; enfim, objeto de condenação e exclusão.

Buscamos mostrar como o modelo heterossexista está baseado em crenças disseminadas como verdades ao longo da história do Ocidente. Discutimos, então, a importância da compreensão do Estado laico como possibilidade de luta de todas as diversidades, inclusive a diversidade religiosa, e de sua integração na comunidade escolar.

Além disso, enfatizamos a presença da diversidade sexual na escola e distinguimos ações que buscam questionar as hierarquizações utilizadas para discriminar a população LGBT (lésbicas, *gays*, bissexuais, travestis e transexuais) na educação.

Procuramos salientar a importância das iniciativas coletivas, das políticas públicas e de outras formas de ação que possam auxiliar educadores/as, fornecendo-lhes argumentos que promovam uma análise crítica e criativa na construção de uma escola que vise à cidadania, que inclua todas as diferenças e todas as diversidades. Neste caderno, salientamos especificamente a cidadania LGBT.

CAPÍTULO 1

A compreensão da sexualidade por meio da diversidade sexual

Resumo

Apresentamos, neste capítulo, a sexualidade como uma construção social, como fenômeno relacionado aos diversos contextos sócio-históricos dos processos educacionais. Também mostramos que a diversidade sexual não se reduz às diferenças sexuais; entendemos que lésbicas, *gays*, transexuais, travestis, entre outras expressões das sexualidades, possibilitam-nos o alargamento de nossa compreensão da sexualidade. A noção de diversidade sexual propõe a existência de diferentes expressões sexuais; a necessidade de igualdade de direitos para os sujeitos que expressam essas diferenças; e o reconhecimento das sexualidades como possibilidades que somente podem ser percebidas quando existem permissões culturais para manifestação da diversidade. Talvez também por isso as variações da sexualidade assustem tanto, pois mostram a sexualidade humana como algo mutável, inclusive no âmbito das práticas sexuais, contrariando alguns de nossos saberes estabelecidos.

Objetivos

✓ Contextualizar a noção de diversidade sexual.
✓ Apontar as formas de nomeação das sexualidades.
✓ Questionar os processos de naturalização das sexualidades.

Iniciamos este caderno discutindo as ideias que nos são mais familiares, pois são elas que aparecem costumeiramente no cotidiano escolar. Isso facilitará nosso entendimento do segundo capítulo deste caderno, onde encontraremos algumas pistas para entender os argumentos sobre sexualidade geralmente usados no cotidiano. Vejamos, por ora, alguns desses argumentos, que encontramos no século XXI e [que] certamente são compartilhados no espaço educacional.

A partir das últimas décadas do século XX, ocorreram profundas mudanças na vida das pessoas em relação a suas concepções de gênero e sexualidade. É comum, no entanto, não percebermos que essas mudanças foram construídas no debate social e nas práticas do cotidiano ao longo da história. Muitas vezes, aquilo que hoje consideramos natural já foi condenado outrora. Vejamos o caso do uso de calças compridas por mulheres. Era algo impensável no início do século XX, quando algumas mulheres começaram a usar essas roupas. Hoje, no Brasil, quase ninguém condenaria uma mulher por usar calças compridas. Falamos "quase ninguém" porque existem grupos religiosos que condenariam (em geral, são frequentes exceções quanto a práticas do cotidiano). De maneira semelhante, as noções de gênero e de sexualidade também sofreram mudanças, passando a admitir exceções, ou melhor, passando a incorporar a diversidade.

Atualmente entendemos que "gênero" e "sexualidade" são termos que possuem diversos significados. Compreendemos, além disso, que eles têm relações teóricas e práticas entre si. O termo "gênero" é analisado em outro caderno desta coleção, no qual apresentamos a pluralidade de teorias e de debates sobre ele. Essa pluralidade caracteriza também o termo "sexualidade". Por isso, muitas vezes fazemos referência às sexualidades, e não à sexualidade. Ao longo deste caderno, você perceberá melhor o motivo do plural; adiantamos, porém, que ele pretende sinalizar a existência de heterossexualidades, homossexualidades, lesbianidades, transexualidades e outras formas de sexualidade que ainda estão por ser construídas.

Podemos perceber, com alguma facilidade, que é impossível descrever em poucas palavras a variedade de práticas sexuais humanas. Os modos pelos quais cada pessoa sente prazer, as maneiras como usa seu corpo, as formas como expressa seu afeto são construções sociais. Existem, é certo, condutas que são condenadas explicitamente por lei, como a pedofilia e o estupro. Todavia, quem define e como se define o que é condenável e o que é aceitável? Geralmente temos as leis, as tradições e os costumes, por meio dos quais estabelecemos o que deve ou deveria ser aceito socialmente.

No que diz respeito à educação, são várias as instâncias que contribuem para definir o que se pode admitir: os Conselhos de Educação, os movimentos sociais, os grupos religiosos, as ciências e, por fim, o Estado. Este, como um agente mediador e regulador, é representado pelas Secretarias de Educação dos estados e dos municípios e pelo Ministério da Educação. No entanto, os consensos entre essas instâncias geralmente são bastante frágeis e de curta duração. Novas demandas na área das sexualidades sempre aquecem os debates, por exemplo, o uso do nome social de travestis e transexuais no diário de classe. Em várias localidades, as Secretarias de Educação sancionaram portarias permitindo o uso do nome social, uma decisão que geralmente advém de diálogos com Conselhos de Educação, movimentos sociais, entre outros.

Esses agentes sociais desenvolvem um acirrado debate sobre os caminhos da educação. Por isso, quando falamos das sexualidades, situamos nossos argumentos nesse debate. Uma de suas características é a disputa entre aqueles agentes com respeito às expressões das sexualidades e às práticas sexuais que podem ser definidas como aceitáveis. Expressões e práticas francamente condenadas por alguns grupos são aceitas sem restrições por outros. Constituem exemplos de expressão da sexualidade o menino que pinta as unhas ou usa roupas femininas e a jovem que revela para as colegas que dorme com sua namorada.

As formas de expressar a sexualidade estão relacionadas com a história de vida das pessoas. Existe, portanto, uma **singularidade da experiência sexual,** que não pode ser desprezada. Cada pessoa tem o direito de reproduzir e elaborar de modos diferentes a compreensão da sexualidade que desenvolveu durante sua história. Isso pode levá-la a ter variadas maneiras de experimentar a sexualidade, em relação tanto à expressão quanto à prática. Talvez essa possibilidade provoque medo e repulsa em alguns, o que também depende de sua história de vida e de suas crenças.

O direito que mencionamos acima não só se refere às leis, aos costumes e às tradições de uma comunidade, como também os ultrapassa, dizendo respeito às prerrogativas ainda negadas a grupos inferiorizados nos processos sócio-históricos. Por exemplo, a união por meio de um contrato civil, um direito indiscutível dos casais heterossexuais, ainda não pode ser desfrutado pelos casais formados por pessoas do mesmo sexo na maioria dos países. Contudo há países e localidades onde existem formas de reconhecimento destas uniões de forma incipiente. Em países como Espanha, Inglaterra e Canadá a união civil é um direito reconhecido para casais formados entre pessoas do mesmo sexo. Com o tempo, esse direito talvez possa ser positivado para homossexuais em geral.

A expressão das sexualidades depende também do **contexto social**, de modo que a experiência, por exemplo, de uma mulher lésbica numa cidade do interior do estado de Minas Gerais pode ser completamente diferente da experiência de uma mulher lésbica na grande Belo Horizonte, ainda que a última experiência não implique necessariamente menos discriminação. Numa mesma cidade, a diversidade de vivência pode estar relacionada, por exemplo, ao fato de a mulher ser da elite ou de uma classe social menos favorecida economicamente.

O **contexto histórico** é, do mesmo modo, fundamental para analisar as sexualidades, cuja compreensão está relacionada às alternativas e aos limites que ele coloca. Isso não quer dizer que o desenvolvimento da compreensão sexual do ser humano ocorre em etapas, ou seja, não significa que possamos pensar que uma época é mais ou menos evoluída, melhor ou pior que outra. Cada período histórico apresenta diferentes maneiras de ver e entender os mais diversos fenômenos, e de se posicionar em relação a eles. Algumas dessas maneiras tornaram-se tão poderosas e foram tão disseminadas pela educação que passaram a ser tomadas como naturais. Por exemplo, a ideia de que o sexo entre homens constitui desvio, pecado ou outro problema similar, enquanto o sexo entre homem e mulher é natural, está presente no mito fundador cristão e nas origens do pensamento ocidental (MOTT, 2001). Muitas vezes não se percebe que essa visão contempla somente uma das possibilidades da sexualidade humana. Visão esta, historicamente localizada e que em momentos foi diferente como veremos posteriormente no capítulo 2.

Nos diferentes contextos sócio-históricos, formam-se constelações de ideias, ocorrem mudanças de costumes, de modos de portar, de vestir, estabelecem-se, enfim, pensamentos e comportamentos que guiam nossas possibilidades e nossos limites de existência. Em outras palavras, elaboram-se figurações ou *configurações sociais* – conceito do sociólogo Norbert Elias (1970), que fundamentará neste caderno nossa discussão sobre a diversidade sexual.

Alargando a compreensão de diversidade sexual

Entender a diversidade sexual a partir do contexto sócio-histórico permite-nos reconhecer que, muitas vezes, repetimos formas de discriminação até mesmo sem perceber. Alguns autores apontam inclusive a necessidade de conhecer as questões da diferença e da variedade sexual para questionar uma compreensão da heterossexualidade como única possibilidade da sexualidade (RUBIN; BUTLER, 2003).

Essa compreensão não seria possível apenas com a consideração de que homens e mulheres possuem diferenças construídas no processo sócio-histórico; as teorias de gênero e os estudos sobre *gays* e lésbicas, por exemplo, forneceriam novas perspectivas para entendimento das sexualidades.

As práticas sexuais foram naturalizadas e utilizadas para controlar o corpo dos sujeitos, restringindo suas possibilidades de expressão da diversidade sexual. A compreensão das sexualidades de lésbicas, *gays* e transexuais pode nos levar a questionar e recusar essa naturalização. Por isso, revelam possibilidades além dos padrões heterossexuais. Se para alguns as práticas sexuais não heterossexuais constituem motivo de questionamento e perseguição, para outros ela pode se tornar possibilidade de reconhecimento dessas práticas como direito.

Infelizmente, todavia, essa possibilidade não encerra a questão. Existem elevados índices de assassinatos de homossexuais e travestis caracterizados como crimes de ódio (Mott, 2000). Violências assim servem como ameaças e impedimento do reconhecimento do direito à vida de *gays*, transexuais e travestis. Esses atos violentos costumam ser vistos como manifestação de homofobia. Contudo, o termo "fobia", que será analisado com mais cuidado no capítulo 3 deste caderno, sugere que se trata de algo pessoal, que diz respeito a um indivíduo.

Por isso, em várias passagens do texto, preferimos o termo "heterossexismo", que define a violência contra a população LGBT (lésbicas, *gays*, bissexuais, travestis e transexuais) como algo relacionado às configurações sociais. Esse ponto de vista tem várias implicações no modo de pensar políticas públicas e ações civis de combate ao preconceito contra as diferentes práticas e expressões da sexualidade humana. Porém, o assunto permanece polêmico e repleto de lacunas.

Atualmente convencionou-se o uso da sigla LGBT. Existem outros modos de fazer referência às várias expressões da sexualidade, que se relacionam a grupos e movimentos sociais (Facchini, 2005). Nenhum deles, contudo, abarca a variedade que as letras dessa sigla revelam. Além disso, considerando que as palavras orientam de modo decisivo as ações, os afetos, as políticas públicas, essa sigla pode ser ampliada e incluir sexualidades ainda não nomeadas.

Devemos esclarecer ainda que alguns grupos adotam disposições diferentes para as letras da sigla que usamos, de modo que não devemos pensar que existe uma forma mais correta de posicioná-las. A forma adotada depende das intenções em pauta. A disposição atual, com a letra "L" no início, advém da consideração da invisibilidade das mulheres em relação aos homens. Talvez o "T" mude, daqui a algum tempo, para a posição inicial, como já fazem alguns grupos, porque os/as transexuais e os/as travestis são mais depreciados nas políticas de inclusão. Finalmente, precisamos estar cientes de que essas letras podem se tornar insuficientes para expressar as sexualidades.

A constatação dessa insuficiência provoca insegurança e medo, pois coloca a possibilidade de reconhecermos a nossa própria sexualidade como algo inexplicável. Com efeito, neste caderno queremos propor a diversidade sexual como uma noção que abrange as diferentes expressões da sexualidade e as diversas práticas sexuais não reguladas pelo modelo heterossexual. Entretanto, devemos sempre ter o cuidado de não reduzir tudo à diversidade sexual. Precisamos compreender que recorremos a uma noção ainda precária, que não deve ser usada para classificar pessoas nem para reproduzir rótulos depreciativos. O mais importante é sabermos identificar os argumentos que geralmente orientam em nossa cultura a compreensão das sexualidades no combate aà discriminação e ao preconceito.

Conceitos-chave

- Contexto sócio-histórico;
- Configuração social;
- Diversidade sexual;
- LGBT;
- Sexualidades.

Arquivo dos/as professores/as

Pare aqui! Responda às questões abaixo para prosseguir a leitura.

Questões

Analisemos a música "Paula e Bebeto", a fim de refletir sobre as formas de amor que ainda são alvo de preconceito.

Paula e Bebeto

Vida vida que amor brincadeira, vera
Eles amaram de qualquer maneira, vera
Qualquer maneira de amor vale a pena
Qualquer maneira de amor vale amar

Pena que pena que coisa bonita, diga
Qual a palavra que nunca foi dita, diga

Qualquer maneira de amor vale aquela
Qualquer maneira de amor vale amar
Qualquer maneira de amor vale a pena
Qualquer maneira de amor valerá

Eles partiram por outros assuntos, muitos
Mas no meu coração sempre juntos, muito
Qualquer maneira que eu cante esse canto
Qualquer maneira me vale cantar

Eles se amam de qualquer maneira, vera
Eles se amam e pra vida inteira, vera
Qualquer maneira de amor vale o canto
Qualquer maneira me vale cantar
Qualquer maneira de amor vale aquela
Qualquer maneira de amor valerá

Pena que pena que coisa bonita, diga
Qual a palavra que nunca foi dita, diga
Qualquer maneira de amor vale o canto
Qualquer maneira me vale cantar
Qualquer maneira de amor vale aquela
Qualquer maneira de amor valerá

NASCIMENTO, Milton; VELOSO, Caetano. Paula e Bebeto. In: NASCIMENTO, Milton. *Minas*. Rio de Janeiro: EMI/Odeon, 1975.

Agora, caro/a educador/a, pensemos sobre as formas de amor que frequentemente não podem ser ditas, o que faz muitas pessoas sofrerem. Consideremos que hoje existem nos livros didáticos projetos que defendem a presença de todas as diferenças na educação.

a) Que maneiras de amor não podem ser ditas?
b) Que modelos de casais aparecem nos materiais didáticos?

Para saber mais

Tendo em vista o aprofundamento das questões sugeridas pelo texto, fazemos as seguintes indicações:

Livro

SPENCER, C. *Homossexualidade: uma história*. 2. ed. Rio de Janeiro: Record, 1999.

Texto

Diversidade sexual nas escolas. Trabalho elaborado pela Associação Brasileira Interdisciplinar de AIDS (ABIA) como resultado das oficinas de formação continuada para profissionais de educação e saúde (2006-2007) de Nova Iguaçu, Caxias, Araruama e Cabo Frio. Disponível em: <http://www.abiaids.org.br/_img/media/Cartilha_Diversidade_sexual_Escolas.pdf>. Acesso em: 07 ago. 2009.

Filmes

MILK: *a voz da igualdade*. Uma história real dos anos 70. Narra a vida de Harvey Milk (Sean Penn) com seu namorado Scott (James Franco). Quando se mudam para San Francisco, numa época repleta de preconceitos, eles enfrentam a violência e a discriminação sexual (direção: Gus Van Sant. Estados Unidos: Paramount Pictures/UIP, 2008. 1 DVD [128 min.] son. color., leg. port.).

PRISCILLA: *a rainha do deserto*. Conta a história de duas *drag queens* e um transexual que viajam para fazer um show. Eles partem de Sydney a bordo de Priscilla, um ônibus muito especial, e enfrentam o deserto australiano. Quando chegam a seu destino, após sofrer as agruras da viagem, descobrem que quem contratou o show foi a ex-mulher de um deles (direção: Stephan Elliott. Estados Unidos, 1994. 1 DVD [104 min.] son. color., leg. port.).

Sites

Associação Brasileira de *Gays*, Lésbicas, Bissexuais, Travestis e Transexuais. Desenvolvido por ABGLT, 2006. Rede nacional de

220 organizações afiliadas. É a maior rede LGBT na América Latina. Disponível em: <http://www.abglt.org.br>. Acesso em: 10 ago. 2009.

Associação Brasileira Interdisciplinar de AIDS. Disponível em <http://www.abia.org.br>. Acesso em: 10 ago. 2009.

Núcleo de Direitos Humanos e Cidadania LGBT. Desenvolvido por NUH - Núcleo de Direitos Humanos e Cidadania GLBT, 2010. Núcleo da Faculdade de Filosofia e Ciências Humanas da UFMG, que tem como propósito congregar pesquisadores e desenvolver atividades de pesquisa, ensino e extensão voltadas para o reconhecimento dos direitos, da cidadania, das identidades e das práticas culturais, políticas e sociais de indivíduos e grupos LGBT. Disponível em: <http://www.fafich.ufmg.br/dhglbt/>. Acesso em: 10 ago. 2009.

CAPÍTULO 2

Argumentos contrários à noção de diversidade sexual nas configurações sociais

Resumo

Neste capítulo, analisamos como foram construídos alguns argumentos do discurso cristão sobre a sexualidade. Procuramos revelar como conceitos que distinguem as sexualidades em boas e más, e se encontram ainda presentes na educação, foram elaboradas pelo cristianismo. Além disso, procuramos salientar a importância do Estado laico na garantia do direito de expressão na escola de todas as diversidades, inclusive a religiosa.

Objetivos

✓ Caracterizar os modos como as duas grandes tradições do cristianismo compreendem a sexualidade.

✓ Analisar a noção de heterossexualidade elaborada pelo discurso cristão.

✓ Mostrar como o discurso cristão constitui obstáculo à noção de diversidade sexual.

✓ Salientar a importância do Estado laico na garantia do direito de expressão das diversidades.

Ao ler este texto, você se encontra em determinado contexto sócio-histórico: sua cidade, seus amigos, as questões contemporâneas; enfim, um domínio extremamente complexo de pessoas, fenômenos, pensamentos e sentimentos. Nesse domínio, é possível identificar discursos, imagens e palavras, entre outras formas de expressão presentes no cotidiano, que classificam as sexualidades como boas ou más, permitidas ou proibidas. Muitas vezes, ao lidarmos com essas classificações, temos dúvidas. Por exemplo, se você conhece uma travesti, que na infância era seu amigo, e tem muita afeição por ela; porém, quando ouve alguém falar sobre a vida sexual das travestis, indaga-se sobre a aceitabilidade do comportamento dessa pessoa. O que realmente acontece na vida dela? É algo bom ou ruim? Uma resposta simples pode ignorar a complexidade do sujeito. Muitas vezes, entre aquilo que é bom e aquilo que é mau, entre o permitido e o proibido, existem muitas nuances. Onde aprendemos a julgar? Que óculos usamos para ver a realidade?

Devemos lembrar que as configurações sociais interferem no modo como aprendemos a apreciar ou a depreciar comportamentos. Por exemplo, escarrar durante a refeição e comer com as mãos já foram costumes aceitáveis em algumas regiões da Europa. Não provocavam nojo ou repulsa, visto que faziam parte dos hábitos de uma configuração social. Com o tempo é que passaram a ser condenados pela sociedade (Elias, 2001). Outro exemplo diz respeito ao hábito de fumar no Brasil. Há algumas décadas, as pessoas podiam fumar em qualquer ambiente; hoje, há restrições aos fumantes, pois foram assimiladas novas formas de entender, de aceitar ou impedir a presença de fumantes em ambientes públicos. As opiniões e os sentimentos em relação à diversidade sexual também sofrem alterações de acordo com as configurações sociais.

Como participante de diferentes grupos, você compartilha informações, elabora ideias, tece julgamentos, posiciona-se ou omite-se, assimilando posturas relativas à população LGBT. Quando você emite sua opinião sobre essa população, ela não é espontânea, por mais que pareça ser. Você a construiu através de sua história de vida. Sua opinião pode, inclusive, conter as contradições dos diversos grupos de pertença presentes em sua história. O mesmo ocorre com todas as nossas relações. Podemos amar uma pessoa, ter opinião positiva sobre ela e, com o tempo, mudar nossa visão completamente. Também podemos ter sentimentos antagônicos em relação a uma mesma pessoa ou a um mesmo objeto. Isso faz parte da história de cada um, aquilo que no capítulo anterior denominamos de singularidade.

Entre momentos de afeição e de rejeição, apresentamos muitas gradações de humor, conforme as alterações em nossas formas de conhecer e perceber as pessoas. Somos assim também com os LBGTs. Nossas ideias e nossos sentimentos em relação a eles dependem das situações que vivemos e dos contextos em que nos encontramos. Você pode, por exemplo, se sentir à vontade com uma travesti em espaços de convivência como um salão de beleza em que ela presta serviços, mas talvez não a convide para falar sobre sexualidade na sua escola ou no seu trabalho. Sua decisão depende da opinião das pessoas da sua escola ou do seu trabalho, da sua disposição em ser reconhecido/a como amigo/a ou colega de uma travesti, dos questionamentos que poderão ser feitos pelos grupos sociais de sua convivência, etc.

Esses grupos de convivência podem estar vinculados a instituições, clubes, movimentos sociais, entidades religiosas, associações fraternas, entre outros. Neles se constroem discursos sobre as sexualidades, que fornecem argumentos para classificarmos valorativamente as expressões e as vivências humanas. Na história do Ocidente, dois discursos poderosos, o religioso e o médico, definiram a sexualidade e combateram noções relacionadas ao que entendemos como diversidade sexual. Devemos atentar para o fato de que, embora tais discursos possuam divergências internas, essas divergências são apagadas em favor de determinadas formulações neles presentes, as quais são tomadas como verdades inquestionáveis. Vários grupos religiosos possuem membros favoráveis à população LGBT, porém, geralmente são minorias que nem sempre têm acesso ao poder. Ainda hoje, certas noções que obstaculizam os debates sobre as sexualidades na educação provêm destes dois discursos. Um exemplo é a afirmação de que a homossexualidade é algo errado ou doentio. Repetida em documentos eclesiais, na literatura médica, nas leis, essa afirmação provoca a naturalização da ideia de que a heterossexualidade é o normal e as homossexualidades constituem desvios. Os discursos religioso e médico não são os únicos a divulgá-la; outros discursos promovem a repetição do que é certo ou errado em relação à sexualidade. Consideramos, neste texto, alguns argumentos do discurso religioso usados na educação, especificamente aqueles que conduzem à estigmatização de LGBT. Assim, poderemos caracterizar as configurações heterossexistas da educação, pois na realidade brasileira é frequente a disputa dos argumentos religiosos pelo espaço nas políticas públicas.

Argumentos do discurso religioso ocidental sobre a sexualidade

Neste texto privilegiamos as noções do discurso cristão devido à sua incidência no Ocidente, especialmente na sociedade brasileira. Ainda que outras religiões compartilhem ou disputem espaço com ele, o cristianismo, na sua vertente católica, sempre foi hegemônico em nosso país. Nas próximas discussões deste caderno, mostraremos que essa hegemonia aparece nos discursos sociais em geral e nos discursos da educação de maneira específica. Isso ficará evidente principalmente quando realizarmos a caracterização das configurações heterossexistas dessa área. Elas indicam que aprendemos a sentir, pensar e agir de acordo com a ideia de que tudo que está fora do padrão heterossexual é doentio ou errado. Vejamos como foram construídos ao longo da história os argumentos sobre a sexualidade que formaram essa visão da heterossexualidade e que hoje são tratados como naturais.

Desde o seu nascimento, o cristianismo traz elementos das culturas grega e judaica, duas grandes influências sofridas pelo Ocidente nos primeiros séculos da era cristã. O helenismo, ou a cultura grega, foi o berço da razão ocidental e fundamentou, em parte, a doutrina cristã. Uma vertente do pensamento grego que influenciou o cristianismo na área dos costumes é o estoicismo, que defende uma postura austera na vida, em função dos deveres da humanidade, dos concidadãos e da família (Foucault, 2003b).

Os estoicos, tendo em vista a liberdade na pessoa, promoveram os valores ditos espirituais em detrimento de valores ligados à corporeidade. Todavia, na Grécia, especificamente em Atenas, a prática do sexo entre homens era comum e dava-se de acordo com convenções culturais próprias. Era comum aos jovens que se dedicavam à Filosofia, ter relações sexuais com seus tutores, que realizavam a penetração. Essa prática estava ligada à passagem do saber, da pedagogia do filósofo. Assim, o sexo entre homens na Grécia Antiga se diferencia do sexo entre homens na atualidade no que diz respeito à significação social, pois não implicava uma codificação de atos eróticos, mas procurava instaurar uma estilização da sexualidade para o exercício do poder e da liberdade do homem.

Nesse contexto, as mulheres não eram vistas como cidadãs. Por isso, sua sexualidade estava a serviço da procriação e era desconsiderada em relação à sexualidade dos homens. Havia, é certo, a poetisa Safo, que viveu no século VII a.C., na ilha de Lesbos, e cuja poesia tinha um erotismo ligado a relações entre mulheres. Todavia, devido à pouca atenção dada à história das mulheres, Safo é bem menos citada que os filósofos e os poetas gregos. Ainda havia na cidade grega de Esparta outras formas do exercício da sexualidade, geralmente entre os soldados, e não entre o filósofo e seu pupilo. De qualquer forma, a compreensão de que os gregos tinham das relações sexuais não foi herdada pelo cristianismo. Apenas a vertente estoica do helenismo é incorporada pelo discurso cristão, que toma o sexo somente como forma de procriação, negando sua dimensão de prazer ou passagem de conhecimento.

Além do helenismo, o judaísmo foi marcante para o cristianismo. Na tradição judaica primitiva, o nascimento, a morte e os impulsos sexuais estavam ligados a poderes misteriosos, fora do controle humano. O homem que se submetesse a tais forças era impedido de entrar em sintonia com Deus. Assim, o contato com a menstruação e, de certa forma, com o sêmen poderia tornar a pessoa impura para cultuar Deus (KOSNIK, 1982). A relação entre homem e mulher exclusivamente para procriação é um imperativo da mentalidade judaica herdada pelo cristianismo. Essa mentalidade se fundamenta na narrativa mítica segundo a qual Deus criou varão e fêmea para povoarem a terra (LEERS; TRANSFERETTI, 2002). Trata-se de uma perspectiva que vincula as noções de pecado e condenação aos atos sexuais entre homens, já que o judaísmo supõe que esses atos tornam o indivíduo impuro. Desse modo, o sexo entre dois homens possui uma forte conotação de pecado a ser extirpado da comunidade judaica.

Contudo, existe uma tese que afirma ter havido, nos três primeiros séculos do cristianismo, certa tolerância à homossexualidade (BOSWELL, 1981), pois não se verificava a existência de penas graves para os sodomitas, entre os quais estavam homens que praticavam sexo com homens. Embora essa tese não seja totalmente aceita pelos historiadores, percebemos que as ambiguidades em relação à sexualidade se anunciavam desde o início do discurso religioso cristão. A tolerância defendida por essa tese não indica aceitação ou inexistência de restrições e punições para os homens que se entregassem ao "pecado" ou "vício", como era tratada a homossexualidade nos primeiros séculos. Podemos considerar que cada contexto articula diferentes noções sobre a sexualidade; mesmo elementos como tolerância já aparecem no início da história do Ocidente. No entanto, foi se firmando uma sistematização crescente de um modelo único para a sexualidade, o que permitiu, ao longo da história, afirmar que havia uma sexualidade má e outra boa.

A perspectiva cristã caracteriza grande parte do discurso contemporâneo sobre a sexualidade, o qual se coloca contra a diversidade sexual. A noção de uma sexualidade má, errada, suja, entre outras formas de depreciação, tem sua origem em noções que vão passando de geração a geração sem serem questionadas. Observa-se que a sistematização da sexualidade como modelo único ocorreu na época moderna, porém crivada de elementos da história.

Do século XV ao XIX, articula-se, tanto na Igreja Católica quanto no mundo por ela influenciado, uma moral que vê o sexo apenas como uma forma de procriação. Nesse período, os pecados sexuais são de dois tipos: consonantes com a natureza (fornicação, adultério, incesto, estupro e rapto) e contrários à natureza (masturbação, sodomia, homossexualidade e bestialidade). Os pecados consoantes com a natureza como o estupro, adultério, etc., quando realizados por homens, sempre encontraram certa conivência social, como se eles possuíssem uma menor gravidade. Isso é algo que pode ser sentido em vários discursos machistas na atualidade. Os pecados pertencentes ao segundo grupo, aqueles que seriam contra a natureza, eram entendidos como mais graves, pois feriam o critério de procriação, constituindo, no discurso sedimentado historicamente, um abuso mais radical da sexualidade humana.

Criou-se, assim, um imaginário que definia a figura dos homossexuais, entre outros que exercem práticas sexuais fora da finalidade de procriação, como pessoas moralmente desordenadas. Desse modo, para muitos indivíduos e grupos, é inconcebível reconhecer e nomear a variedade das práticas sexuais humanas; geralmente, essa variedade é tomada como perversão, imoralidade, etc. Tal visão configura a chamada matriz heterossexista (BUTLER, 2003) do Ocidente, de acordo com a qual somente o modelo heterossexual cristão é válido.

Durante a Idade Média, com poucas exceções, aumenta a hostilidade ao sexo entre homens. A partir do século XIX, verifica-se uma crescente preocupação com a sexualidade humana. Conforme analisa Michel Foucault, criaram-se modos de regulação dos corpos, que são educados na disciplina que busca coibir tanto a variedade das práticas sexuais quanto a diversidade de manifestações das sexualidades. O autor identifica dois dispositivos usados pelo discurso ocidental para garantir a disciplina dos corpos: o "dispositivo de aliança", por meio do matrimônio, das definições de parentesco e da transmissão de bens; e o "dispositivo de sexualidade", mais adequado aos processos econômicos e de estrutura política do século XVIII. O segundo se justapõe ao primeiro, e em ambos articulam-se os parceiros sexuais e a formação de famílias (FOUCAULT, 2003a). Até hoje a família e a sua constituição, defendidas desde essa época, são afirmadas como naturais. O termo "família" está tão impregnado dos argumentos morais gerados nos e pelos discursos religiosos, que impede o reconhecimento de novos arranjos familiares, como aqueles entre pessoas do mesmo sexo ou outros tantos arranjos que, no cotidiano, são desvalorizados ou considerados inferiores.

Porém, nesse período, por volta do século XVIII, elaborou-se no Ocidente a noção de Estado laico. Os grupos cristãos, divididos entre católicos e protestantes, brigavam para dominar os impérios e definir os modos de vida das populações. Uma saída para esses conflitos foi definir que nenhuma religião deveria dominar o Estado, mas todas poderiam ter o direito de existir dentro dele. Contudo, isso não impediu que as noções de sexualidade construídas no cristianismo se estabelecessem no cotidiano das pessoas. As ciências e os costumes, apesar da ideia de Estado laico, ainda reproduzem, embora com outros argumentos, a lógica de condenação de quem se afasta do padrão heterossexual. Repetidamente, os corpos e as relações sexuais são nomeados segundo um padrão heterossexual, que não admite a diversidade sexual. Até meados do século XX, vários saberes reafirmavam essa negação. A educação era alimentada pelo preconceito, ainda presente em várias configurações sociais. Em função das lutas pelos direitos de cidadania da população LGBT e de outras minorias, surgiram mudanças, sobre as quais falaremos no próximo capítulo.

Evidentemente existem nas religiões cristãs argumentos favoráveis a determinadas reivindicações da população LGBT, como exemplos tomam-se pronunciamentos de leigos/as, padres e bispos da Igreja Católica condenando o assassinato de homossexuais e o desrespeito aos Direitos Humanos destas pessoas, conforme verificar-se no sítio eletrônico Diversidade Católica citado no final deste capítulo. Contudo, no cristianismo ainda permanecem muito fortes os argumentos baseados na ideia de pecado e na necessidade de condenação. Hoje podemos afirmar que existem vários discursos cristãos, e cada qual reivindica para si o título de mais verdadeiro, de mais próximo das origens do cristianismo. As religiões não possuem mais a força e o poder de outrora. Porém, em países com forte presença delas, como é o caso do Brasil, as religiões se manifestam nos grupos de pertença dos/as educadores/as. Manifestam-se também nos meios de comunicação de massa, nas imagens do cotidiano; enfim, articulam-se de diferentes formas. Vários autores acreditam que a moral religiosa tenha influenciado a construção das ciências médicas, fazendo com que tudo aquilo que era considerado pecado na área da sexualidade passasse a ser considerado doença e anormalidade.

Consideramos que os espaços de socialização dessa população no Brasil começaram a surgir antes do século XX, porém permaneceram, e em parte permanecem, na "clandestinidade" (GREEN, 2000). Nas três últimas décadas do século XX e no início do século XXI, observamos o aumento do número de serviços destinados ao público denominado GLS (*gays*, lésbicas e simpatizantes), sigla inicialmente utilizada, e o desenvolvimento do debate sobre leis específicas contra a discriminação da população LGBT. Ao mesmo tempo, alguns estudiosos questionaram o uso do termo homossexualismo, pois o sufixo ismo indica doutrina ou doença. Historicamente, existiram no Ocidente vários modos de nomear as relações que não se adequavam ao heterossexismo, como sodomia, bestialismo, etc. O homossexualismo deixou de ser considerado doença mental desde a revisão e publicação da 10ª edição da Classificação Internacional de Doenças – CID 10 conjuntamente com a Organização Mundial de Saúde – OMS, órgão da Organização das Nações Unidas – ONU, no início da década de 1990. No Brasil, o Conselho Federal de Medicina, desde 1985, deixou de considerar o homossexualismo como desvio sexual. O Conselho Federal de Psicologia em 1999 promulgou uma resolução repudiando ação de profissionais da Psicologia que assessorando grupos religiosos no Brasil, defendiam a "cura" de homossexuais. Essas diferentes compreensões da homossexualidade pela Medicina e Psicologia serão fundamentais para educação combater a homofobia nos espaços escolares como veremos no próximo capítulo. Nos capítulos seguintes faremos uma descrição pormenorizada da contemporaneidade e analisaremos a permanência do preconceito na educação.

Conceitos-chave
- Cristianismo;
- Cultura judaica;
- Cultura grega;
- Heterossexismo;
- Estado laico.

Arquivo dos/as professores/as

Pare aqui! Responda às questões a seguir para prosseguir a leitura.

Questões

a) Quais noções sobre a sexualidade aparecem no discurso cristão?

b) Por que entendemos algumas práticas e expressões da sexualidade como más e outras como boas?

c) Como você compreende a importância do Estado laico?

Leia o texto a seguir e responda às perguntas propostas

Declaração contra discriminação de gays divide ONU

Sessenta e seis países-membros da Organização das Nações Unidas (ONU), inclusive o Brasil, pediram que o homossexualismo deixasse de ser crime. Os países assinaram uma declaração, apresentada por França e Holanda, exigindo o fim da punição legal com base na orientação sexual.

Sessenta outros países entre os 192 membros da ONU, inclusive vários Estados árabes e africanos, rejeitaram a declaração, que não tem aplicação obrigatória. Segundo representantes dessas nações, as leis sobre homossexualismo devem ser deixadas a cargo de cada país. *Gays*, lésbicas e transexuais em todo o mundo enfrentam diariamente a violação de seus direitos humanos.

O homossexualismo é considerado um crime em mais de 80 países e, em pelo menos sete, inclusive na Arábia Saudita, relações sexuais entre homens são punidas com a pena de morte.

Oposição considerável

Este mês de dezembro marca os 60 anos da adoção da Declaração Universal dos Direitos Humanos e os governos de França e Holanda estão aproveitando a data para chamar a atenção para a discriminação que existe contra homossexuais. Ambos divulgaram declarações pedindo o fim da execução, prisão e detenção de homossexuais e transexuais. O ministro do Exterior da Holanda, Maxime Verhagen, disse que esta é uma declaração significativa. Apesar disso, há oposição considerável à proposta na ONU. Os países socialmente conservadores no mundo árabe e na África não querem saber do assunto. O embaixador da Síria, Abdullah al-Hallaq, falou em nome de 60 países, argumentando que leis internas deveriam ser respeitadas, e dizendo que a declaração pode legitimar atos deploráveis, inclusive pedofilia. Os Estados Unidos são a única nação de grande porte do Ocidente a não assinar a declaração. Embora a Suprema Corte dos Estados Unidos tenha decidido que os Estados americanos não podem fazer do homossexualismo um crime, diplomatas afirmam que a declaração na ONU pode apresentar problemas ao envolver o governo federal em questões que são de jurisdição estadual. França e Holanda esperam que mais países assinem a declaração no futuro.

19 de dezembro, 2008 - 11h36 GMT (09h36 Brasília)
Repórter: Laura Trevelyan
Da sede da ONU, em NY, para a BBC News

Disponível em: http://www.bbc.co.uk/portuguese/reporterbbc/story/ 2008/12/printable/081219_gay_onu.shtml>. Acesso em: 19 dez. 2009.

d) Quais argumentos você usaria para sensibilizar aqueles que se recusaram a assinar esse documento?
e) O título da matéria e a discussão na ONU se referem apenas aos *gays*. Que outros grupos da diversidade sexual deveriam ser nomeados nessa matéria?
f) O que você pensa sobre o uso do termo "homossexualismo" em vez de "LGBT"?

Para saber mais
Para aprofundamento das questões colocadas no texto, sugerimos:

Livro
LEERS, B; TRANSFERETTI, J. *Homossexuais e a ética cristã*: Campinas: Átomo, 2002. 199 p.

Artigo
MOTT, L. Homo-afetividade e direitos humanos. *Revista Estudos Feministas*. 149(2), 2006. p. 509-521.

Filme
LATTER DAYS. Christian tem 20 e poucos anos, vive em um condomínio em Los Angeles e adora curtir a noite. Suas conquistas sexuais são apenas para uma noitada. Elder Aaron Davis chega à cidade com três missionários mórmons para se hospedar no mesmo condomínio de Chris. Mundos antagônicos irão se chocar, trazendo graves consequências para ambos (direção: C. Jay Cox. Estados Unidos: TLA Releasing, 2003. 1 DVD [107 min.] son. color., legendado em português).

Sites
Diversidade Católica. Grupo de leigos católicos que compreende ser possível viver duas identidades aparentemente antagônicas: ser católico e ser *gay*, numa ampla acepção desse termo, incluindo toda a diversidade sexual (LGBT). Disponível em: <http://www.diversidadecatolica.com.br>. Acesso em: 25 ago. 2009.

Observatório de Sexualidade e Política (SPW na sigla em inglês). Fórum global composto de pesquisadores/as e ativistas de vários países e regiões do mundo. Lançado em 2002 como o Grupo de Trabalho Internacional sobre Sexualidade e Políticas Sociais (IWGSSP na sigla em inglês), o fórum mudou o seu nome em 2006 para Observatório de Sexualidade e Política. Disponível em: <http://www.sxpolitics.org>. Acesso em 25 ago: 2009.

CAPÍTULO 3

As sexualidades, o preconceito contra LGBT e a escola

Resumo

Procuramos, neste capítulo, estabelecer uma conexão entre os argumentos que formam a matriz heterossexista do Ocidente e os argumentos usados entre educadores e educadoras no cotidiano das salas de aula. Propomos uma definição geral de homofobia e salientamos nossa opção pelo termo "heterossexismo". Também apontamos as lógicas que promovem e sustentam na educação os preconceitos contra a população LGBT. Apresentamos as noções de identidade de gênero e de orientação sexual como possibilidades de compreensão das sexualidades. Por fim, nomeamos algumas ações coletivas que emergem na contemporaneidade e que questionam as lógicas de discriminação sexual nas políticas educacionais.

Objetivos

✓ Analisar a matriz heterossexista na educação e o preconceito contra a população LGBT.
✓ Propor conceitos sobre identidade de gênero e orientação sexual.

Nós, seres humanos, temos nosso desenvolvimento e nossa aprendizagem relacionados ao meio social em que vivemos. Cada pessoa ingressa na história humana em situações específicas, recebendo informações, conceitos e preconceitos de uma geração anterior para reconhecer a realidade, para formar sua visão de mundo. Por esse motivo, podemos pensar não apenas em uma reprodução das noções sobre as sexualidades, mas também em articulações realizadas por grupos e sujeitos.

O ser humano aprende sobre si, sobre o outro e sobre o mundo na convivência social. Torna-se um ser social — e até mesmo compreende sua faceta biológica — por meio de discursos aprendidos ao longo da sua história de vida (BUTLER, 2003). Mesmo a biologia é interpretada e nomeada por uma linguagem permeada pelos valores presentes no contexto sócio-histórico, advindos de uma experiência singular. Quando as sexualidades são reduzidas a um dado biológico, não é possível entender como os discursos morais e religiosos as hierarquizaram, subalternizando pessoas não heterossexuais. O que isso quer dizer?

Inicialmente, isso nos diz que orientamos nossos comportamentos pelas **crenças** e pelas **contingências** da vida, as quais, no entanto, reconhecemos como verdades absolutas. Não percebemos que as verdades são construídas, interpretadas e reinterpretadas continuamente no processo histórico.

Nossas crenças não se limitam aos valores religiosos, mas se referem a tudo o que acreditamos ser o melhor e o verdadeiro modo de viver; por exemplo, ter determinada profissão, gostar de alguém, etc. Nem sempre essas crenças são orientadas pela razão, pela consciência. Elas podem emergir de configurações emocionais que não controlamos. O nojo, as preferências estéticas, as inspirações, entre outras, são exemplos disso. Muitas vezes apreciar uma cor mais que outra, desejar a amizade de alguém em detrimento de outra pessoa, pode revelar a história do próprio desejo, que também é parte de um aprendizado social.

A moral e os costumes são, muitas vezes, baseados em crenças, que, tomadas como verdades, impedem que vejamos as contingências a partir das quais surgiram. Durante séculos, acreditou-se que as mulheres não poderiam votar, pois não seriam dotadas de razão suficiente para esse exercício da cidadania. Muitas mulheres acreditavam nessa suposta verdade, tomavam a hierarquia baseada em sexo como natural e justificada. Porém, com o tempo, os movimentos das sufragistas, especificamente na década de 1920, nos Estados Unidos, começaram a questionar essa crença, encorajando as mulheres a exigir o direito ao voto no Ocidente. Isso se deu desde o final do século XIX em países como a Nova Zelândia. Nos Estados Unidos esse movimento teve êxito na década de 1920. No Brasil o direito ao voto feminino foi a partir da década de 1930, portanto muitas de nossas avós nasceram e viveram sem este direito. Atualmente esse é um direito inquestionável na maioria dos países ocidentais.

As contingências se referem à experiência que temos durante a vida, a acontecimentos e a situações inesperados que nos dizem respeito. Os movimentos das sufragistas foram uma contingência, assumida como causa nas lutas das mulheres, que passou a ser tomada como fato inquestionável no Ocidente. As contingências conhecem momentos de estabilidade, porém novas questões subvertem lógicas tomadas como corretas. Assim, as mulheres perceberam que não bastava o voto, eram necessárias outras garantias, como igualdade salarial, licença-maternidade, enfim, novas mudanças que iriam colocar em disputa valores e verdades que eram vistos como certos até aquele momento.

Tanto as crenças quanto as contingências se relacionam com nosso processo de aprendizagem. Antigamente as pessoas acreditavam – e as ciências afirmavam – que, quanto mais velhos fôssemos, mais dificuldades teríamos para aprender novos significados e adquirir aptidões. Hoje sabemos que não é assim. Podemos aprender até na velhice. A aprendizagem que temos nas relações sociais possibilita a construção de conhecimentos. Poderíamos citar muitas outras crenças questionadas pelas contingências na contemporaneidade, principalmente pelos movimentos sociais de estudantes, de mulheres; movimentos contra a discriminação etnorracial, em defesa da ecologia e dos direitos de *gays*, lésbicas, travestis e transexuais. Essas lutas é que colocam em xeque crenças e valores na sociedade em geral, e adentram a comunidade escolar para questionar verdades tomadas como absolutas. São lutas fundamentais para efetivar o reconhecimento das sexualidades propiciado pela noção de diversidade sexual. Vejamos a questão específica das sexualidades e do preconceito na comunidade escolar.

As sexualidades

As formas como se compreende a expressão da sexualidade e a variedade de práticas sexuais que experimentamos durante a vida também são partes de processos de aprendizagem e também são contingências que passaram a ser tomadas como verdades no processo histórico. As noções do judaísmo e do helenismo invisibilizaram, por meio da cultura cristã, outras formas de compreensão da sexualidade humana. Essas noções, sem questionamentos, elaboraram a crença de que homem e mulher não poderiam expressar e praticar sua sexualidade, a não ser pelo padrão heterossexista, ou seja, homens comandavam a sociedade e as relações sexuais somente eram aceitas dentro de uma união conjugal entre homem e mulher.

Por isso, muitas vezes, ao pensarmos sobre identidade de gênero e orientação sexual, os sentimentos que temos em relação às pessoas que expressam sexualidades diferentes do padrão heterossexista são emocionalmente perpassados pela constelação de discursos que aprendemos e repetimos nas configurações sociais, as quais, por sua vez, são permeadas pelo discurso moral. Mas o que é mesmo identidade de gênero? E orientação sexual?

Na Indonésia, estudiosos e ativistas se reuniram e prepararam um documento encaminhado às Nações Unidas, denominado *Princípios de Yogyakarta* (nome da cidade onde ocorreu o encontro), cuja proposta define orientação sexual e identidade de gênero:

> COMPREENDENDO "orientação sexual" como estando referida à capacidade de cada pessoa de experimentar uma profunda atração emocional, afetiva ou sexual por indivíduos de gênero diferente, do mesmo gênero ou de mais de um gênero, assim como de ter relações íntimas e sexuais com essas pessoas;
>
> ENTENDENDO "identidade de gênero" como estando referida à experiência interna, individual e profundamente sentida que cada pessoa tem em relação ao gênero, que pode, ou não, corresponder ao sexo atribuído no nascimento, incluindo-se aí o sentimento pessoal do corpo (que pode

envolver, por livre escolha, modificação da aparência ou função corporal por meios médicos, cirúrgicos ou outros) e outras expressões de gênero, inclusive o modo de vestir-se, o modo de falar e maneirismos (INDONÉSIA, 2006, p. 9).

Esse documento serve para colocar em xeque o modelo heterossexista e, ao mesmo tempo, para revelar a força desse modelo. Quando se faz necessário um documento que afirme um direito, o documento revela que esse direito tem sido negado, ou seja, declarar direitos é reconhecer que não é claro a todos os homens e mulheres que eles possuem tais direitos (CHAUÍ, 1989). Assim, podemos considerar os *Princípios de Yogyakarta* como reveladores de que esses direitos não são um fato óbvio às comunidades políticas, pois se afirma a heterossexualidade como única via possível do desejo sexual (orientação sexual) e da auto-percepção do sujeito (identidade de gênero).

Diante da crença no heterossexismo, os princípios citados anteriormente reconhecem a necessidade e a urgência de questionar essa crença, pois seu efeito tem excluído ou subtraído muitos indivíduos do direito de cidadania (algo que veremos nos próximos capítulos, que abordam o preconceito contra LGBT mostrado em pesquisas recentes). Vejamos um pouco mais como essas noções de Yogyakarta questionam as verdades e as crenças sobre as sexualidades.

Quando falamos sobre transexuais, pessoas que desejam mudar o nome, a aparência (realizando ou não cirurgias), para se adequar como homem ou como mulher, falamos de identidade de gênero. Uma pessoa transexual pode ser homossexual, heterossexual ou bissexual, termos que indicam sua orientação sexual. Assim, uma pessoa que nasceu com pênis pode, ao longo da vida, se sentir e se perceber como mulher. Ela poderá ou não fazer cirurgia e/ou outros tratamentos para adequação dos genitais. Contudo, mesmo após essa alteração o sujeito transexual poderá ter relações sexuais com homens e/ou com mulheres (bissexual), ou ter relações somente com homem (heterossexual), ou ainda ter somente relações com mulheres (homossexual). A identidade de gênero não coincide com a orientação do desejo sexual, conforme as definições vistas anteriormente.

Podemos, aqui, pensar em muitas relações possíveis entre orientação sexual e identidade de gênero. Por isso, como muitos têm feito, preferimos pensar que existem sexualidades, homossexualidades, heterossexualidades, lesbianidades, bissexualidades, transexualidades, etc. Dessa forma, a sexualidade pode ser compreendida como uma variedade de expressões e práticas sexuais que vão além do padrão heterossexual.

Mesmo os *Princípios de Yogyakarta* e essas derivações ainda possuem limites, pois muitas transexuais questionam se a cirurgia será a última definidora da identidade de gênero. Alguém que deseja alterar seu nome de masculino para feminino, mas não passou pela cirurgia deverá ter esse direito? Para maiores esclarecimentos sobre questões específicas sobre a transexualidade já existem várias pesquisas e estudos no Brasil, que podem demonstrar a complexidade dessa temática e o quando ela complexifica a diversidade sexual (BENEDETTI, 2005; BENTO, 2006; PELÚCIO, 2009; KULICK, 2008)

Pense como a história da sexualidade no Ocidente se deu. Agora considere as noções de diversidade sexual do início deste caderno. Quando você está em sua sala de aula, na escola ou em qualquer outro lugar, todos os discursos aqui indicados estão presentes das mais variadas formas. Muitas vezes, divergências e conflitos emergem e precisam ser analisados a partir dos direitos de cidadania; por isso, a importância do Estado laico. Imagine os preceitos de uma religião da qual você discorde. Com o tempo, ela se torna a religião oficial do Estado e passa a proibir todas as pessoas de sair à noite, de comer carne de frango, de ver televisão ou filmes no cinema, etc. Mesmo não sendo adepto/a dessa crença, você é obrigado/a a segui-la. Como você se sentiria? Provavelmente, essas proibições trariam desconforto e sofrimento. O princípio de laicidade do Estado busca evitar que isso aconteça; ao mesmo tempo, garante o direito a todas as crenças e não crenças de participar da esfera civil.

As sexualidades têm sido tratadas com base em crenças morais, provenientes de discursos religiosos, científicos, educacionais, entre outros. Essas crenças só serão questionadas quando passarem por um debate fundamentado nos direitos de cidadania. O que deve ser definido ou não como direito sexual, assim como todos os direitos de cidadania, é decidido em disputas e lutas humanas durante a história da sociedade. Esses direitos devem informar educandos/as e educadores/as e servir de orientação para uma educação que os prepare para os direitos de cidadania relacionados à diversidade sexual.

O preconceito contra LGBT

Crianças, jovens e adultos da comunidade escolar poderão se expressar como *gays*, lésbicas, bissexuais, travestis e transexuais a partir de determinadas garantias sociais. Diante da violência promovida pelo heterossexismo, é preciso assegurar que esses/as cidadãos/ãs não serão submetidos/as à humilhação, à violência ou algo similar. Assim, com base na noção de diversidade sexual, as crenças sobre as sexualidades precisam ser continuamente questionadas. Para isso, é necessário reafirmar o princípio de laicidade do Estado, algo que nos permite entender a escola de uma forma específica.

Entendemos que a escola, estatal ou não, pertence ao público, é lugar de discursos que lutam para influenciar o processo de ensino e aprendizagem dos cidadãos e das cidadãs. Isso quer dizer que, mesmo uma escolar particular (não estatal) no Brasil e nas demais comunidades que se afirmam democráticas, estabelecem seus critérios educacionais a partir desses discursos, pois todos os grupos sociais deveriam ter o direito de manifestar-se na comunidade política. Essas lutas –, entre as quais temos grupos contrários e a favoráveis aos direitos de LGBT, – podem alargar a esfera civil, enquanto pertencerem ao público, ou limitar essa esfera, se ficarem ocultas pelo pacto do silêncio.

Essa limitação também pode se dar pela manutenção de supostas verdades derivadas das crenças desenvolvidas no processo sócio-histórico. Desse modo, a escola democrática deveria se tornar um espaço político de divergências e de consensos provisórios, de formação para cidadania, além de capacitar tecnicamente os sujeitos para uma vida.

Por isso, os argumentos postos pelos direitos de cidadania da população LGBT são fundamentais para transformar a escola em um espaço de formação para a cidadania. As minorias sociais – os pobres e outros excluídos e marginalizados na comunidade escolar – revelam um espaço excludente a ser problematizado. Os movimentos e as lutas sociais têm auxiliado a educação nessa problematização, já que reafirmam a diversidade sexual.

Os discursos que promovem ou praticam a humilhação, a exclusão e a violência contra a população LGBT opõem-se aos direitos de cidadania, pois impedem que alguns desfrutem desses direitos. Essa constatação denuncia a concepção de cidadania como privilégio de alguns em detrimento de outros e a existência do preconceito na comunidade democrática. Essa forma de exclusão permanece, muitas vezes, invisibilizada nas hierarquizações do preconceito social (Prado; Machado, 2008).

Essas hierarquizações podem ser observadas nas piadas que depreciam a população LGBT, na ausência de personagens LGBT nos livros didáticos, nas agressões físicas e psicológicas cometidas devido à orientação homossexual e bissexual, entre outras. Essa hierarquização atinge de forma diferente os LGBT. Um jovem *gay* e outro que seja transexual serão atingidos de maneiras diferentes; uma jovem lésbica que assumiu publicamente seu namoro será mais aviltada do que aquela que se privar da expressão de sua orientação sexual. O preconceito é moldado de acordo com as hierarquizações sociais, inclusive etnorraciais, de classe econômica, de gênero, etc.

O preconceito contra a população LGBT tem sido denominado de homofobia. Esse termo denota tudo que, na produção da cultura e dos saberes ocidentais, implica discriminação afetiva, intelectual e política, pelas lógicas heterossexistas (Borrillo, 2001). Podemos afirmar que, no Ocidente, os argumentos religiosos foram fundamentais na constituição da homofobia, das formas de violência que figuram na comunidade escolar, pois foram esses argumentos, seguidos pelos discursos médicos na modernidade, que elaboraram e sustentaram a matriz heterossexista.

Devemos notar que o preconceito atinge toda a comunidade escolar – dos serviçais ao/à diretor/a. Enquanto o preconceito não for reconhecido como um sistema que regula as relações educacionais de toda a comunidade escolar, ficaremos procurando a homofobia nas pessoas. Por isso, nas ações contra todas as formas de discriminação, especificamente o preconceito baseado no heterossexismo, é preciso repetir que as diferenças de identidade de gênero e orientação sexual são direitos a ser reconhecidos.

Surgem, então, várias questões em relação a educadores/as e educandos/as LGBT: até que ponto as políticas públicas e a produção acadêmica podem contribuir para o reconhecimento da orientação sexual e da identidade de gênero na comunidade escolar? Quais recursos são mobilizados pelos educadores e pelas educadoras nas figurações da sexualidade na comunidade escolar? Como, nessas figurações, é promovida, ocultada ou combatida a homofobia? Ou ainda: não estariam as controvérsias do debate sobre a sexualidade invisibilizadas pelas políticas homofóbicas? Certamente essas questões são importantes para pensarmos uma educação menos excludente e mais democrática.

A escola

O conceito de figuração ou configuração em Norbert Elias (1970) pode ser tomado na análise dos posicionamentos de indivíduos e grupos no contexto educacional. O autor explica o conceito de figuração por meio do exemplo de um baile, no qual vários indivíduos, dependentes do movimento coletivo e orientados uns pelos outros, movem-se cadenciados pela música que toca, com sua letra, seus instrumentos, seu ritmo, enfim, uma complexidade dinâmica de elementos diferentes que aparecem como se formassem um todo. Desse modo, Elias elabora uma sociologia processual e busca fugir das antíteses no uso dos conceitos de indivíduo e sociedade, entendendo que as pessoas estão em um fluxo nem sempre planejado ou previsível. Essa noção pode nos ajudar a entender o preconceito nas escolas.

Os significados elaborados pelos participantes da comunidade escolar não se limitam às ações humanas intencionais: os processos se dão mediante o entrelaçamento de ações intencionais, nem sempre movidas pela razão, em figurações sociais que vão além da comunidade escolar. Essas figurações também se formulam em outros contextos nos quais os participantes da escola se movimentam. Os indivíduos se movem por paixões e emoções alicerçadas em contextos familiares, religiosos, entre tantos outros, que fazem da sexualidade um campo de controvérsias.

Os debates e as ações que dizem respeito aos direitos sexuais, que mobilizam afetos e provocam reações apaixonadas à parceria entre pessoas do mesmo sexo, aos direitos de adoção de crianças por casais homossexuais, entre outros direitos, parecem promover ações coletivas que questionam as figurações da sexualidade dentro e fora das escolas. Hoje existem grupos internacionais e nacionais que tratam especificamente da questão LGBT na educação.

Desde 2004, o programa *Brasil sem Homofobia*, do Governo Federal, articulado com o movimento social LGBT, promove e executa diversas ações na educação. O Ministério da Educação é um dos principais executores desse programa, por reconhecer a urgência desse debate na área educacional.

Internacionalmente, temos a Aliança Global para Educação LGBT (GALE), um exemplo do que chamamos de ações coletivas que questionam a matriz heterossexista. No Brasil, temos várias organizações não governamentais, como as citadas na página eletrônica da Associação Brasileira de *Gays*, Lésbicas, Bissexuais, Travestis e Transexuais (ABGLT). Gostaríamos de destacar o lançamento pelo Governo Federal, em 2009, de um plano nacional para garantir direitos da população LGBT. Nele há várias questões a ser reguladas pelo Ministério da Educação, as quais serão fundamentais para o combate ao heterossexismo nas escolas.

Essas questões estão relacionadas à possibilidade de empoderamento de sujeitos submetidos a uma estigmatização grupal, inferiorizados coletivamente por pertencerem a um grupo (ELIAS, 2000, p. 23), no caso, o grupo LGBT. Essas figurações aparecem em vários domínios do mundo contemporâneo, entre eles, a educação, território no qual as pedagogias formatam corpos pela sexualidade enquanto dispositivo do poder de controlar, estilizar e fazer confessar questões relacionadas ao sexo (LOURO, 2001).

Esses dispositivos do preconceito, mesmo quando superados teoricamente na educação, persistem nas práticas pedagógicas que, pelo pacto do silêncio, negam a existência de hierarquizações sexuais. Analisar as figurações da sexualidade na escola pode ser um dos modos para (des)construir formas de intervenção, de crítica e de geração de conhecimentos no amplo debate sobre identidade de gênero e orientação sexual. Por isso, acreditamos que é insuficiente criar novos conteúdos nas disciplinas ou mesmo propor outras disciplinas.

A escola e a educação são modos de controle e regulação resistentes às ações coletivas, que propõem novos valores, especialmente se esses valores foram sempre considerados contravalores na história do Ocidente. Certamente, a educação e a escola precisam se abrir mais para as ações e os contextos não formais de educação voltados à população LGBT. Infelizmente, faltam-nos metodologias, pesquisas e informações para reconhecer a legitimidade e as estratégias desses espaços.

Essa discussão pode ser mais bem visibilizada no livro organizado por Rogério Diniz Junqueira, que analisa o fato da seguinte maneira.

> Ao mesmo tempo em que nós, profissionais da educação, estamos conscientes de que nosso trabalho se relaciona com o quadro dos direitos humanos e pode contribuir para ampliar os seus horizontes, precisamos também reter que estamos envolvidos na tessitura de uma trama em que sexismo, homofobia e racismo produzem efeitos e que, apesar de nossas intenções, terminamos muitas vezes por promover sua perpetuação (JUNQUEIRA, 2009, p. 13).

A entrada na escola do debate sobre identidade de gênero e orientação sexual por meio de políticas públicas, ações empreendidas pelos movimentos sociais, pela militância em geral e pela academia, tem ocorrido concomitantemente com o recrudescimento de outros setores sociais, de diversas origens (Corrêa; Parker, 2007). Segundo um relatório do Observatório de Sexualidade e Política (SPW), segmentos religiosos no Brasil, especificamente da Igreja Católica, têm sido significativos antagonistas tanto dos direitos sexuais quanto dos direitos específicos dos LGBT (Carrara; Vianna, 2007).

Certamente há que respeitar as religiosidades e entender que os cristãos, majoritariamente católicos no Brasil, e outros grupos religiosos possuem nuanças extremamente diversificadas inclusive de apoio à população LGBT. Porém, nem sempre esse apoio quer indicar o reconhecimento dos direitos humanos dessa população, observamos discursos de importantes líderes religiosos contra o uso de preservativos, contra a união civil entre pessoas do mesmo sexo, etc. Esse recrudescimento certamente significa que as ações coletivas em favor dos LGBT têm surtido efeito na sociedade em geral, pois, e não houvesse conquista nenhuma, provavelmente seus opositores não se manifestariam

Mas temos observado esse efeito na educação? Em sua escola travestis e transexuais são reconhecidos/as pelo nome social? Educadores/as que fazem piadas depreciativas sobre *gays* são questionados? Provavelmente essas respostas indicarão em que medida a escola tem sido capaz de respeitar o princípio de laicidade da democracia (em relação a determinados valores religiosos) e os direitos humanos da população LGBT (em relação aos parâmetros machistas e preconceituosos de nossas sociedades).

Em alguns momentos, o choque de posições pode propiciar a estigmatização daqueles que não se conformam ao padrão heterossexual, o que se verifica em campanhas que retomam valores da família por grupos religiosos (Toneli, 2006; Torres, 2006), nas políticas de vários países ao redor do mundo, conforme constata, em relatório (disponível no site indicado no capítulo 2), o Observatório de Sexualidade e

Política, bem como na educação escolar e na formação social de sujeitos (CARRARA; RAMOS, 2006; LOURO, 2001; CASTRO; ABRAMOVAY; SILVA, 2004).

Gostaríamos de finalizar este capítulo mostrando como a escola interfere ativamente na vida da população LGBT (no capítulo 4, essa questão será mais detalhada). Trata-se de um espaço em que se atribuem sentidos à vivência e à expressão da sexualidade. Um menino que se define como menina ou se sente atraído por outros meninos terá, na socialização escolar, vários significados disponibilizados para definir o desejo e as experiências sexuais que experimenta. O que essa criança aprende sobre si, sobre o outro e sobre o mundo? Em pesquisa realizada durante a 8ª Parada do Orgulho GLBT em Belo Horizonte, em 10 de julho de 2005, 44,7% dos entrevistados disseram que já foram discriminados no ambiente escolar. A escola ocupa o terceiro lugar em discriminação, após a família e os lugares públicos de lazer (PRADO; RODRIGUES; MACHADO, 2006).

Outra pesquisa, realizada pela Organização das Nações Unidas para Educação, Ciência e Cultura (UNESCO), revela que alunas colocam a violência contra homossexuais em terceiro lugar, numa escala de gravidade com seis opções, enquanto os alunos colocam essa violência em sexto lugar, entre seis opções propostas (CASTRO; ABRAMOVAY; SILVA, 2004). Também existem pesquisas internacionais que mostram como os suicídios, o uso abusivo de substâncias tóxicas, entre outras atitudes danosas à vida, estão mais presentes entre homossexuais por causa do preconceito a que são submetidos (HARDIN, 2000).

Atualmente o debate sobre a noção de diversidade sociocultural inclui-se em várias pautas. Essa noção é utilizada em diversos campos das ciências sociais e especificamente na educação para dizer sobre esses grupos sociais historicamente submetidos a humilhações, violência e negação dos direitos políticos (BENEVIDES, 2001).

Sem dúvida, a população LGBT, especificamente aqueles que trazem de maneiras explícitas em seus corpos o pertencimento a essa população tem sido historicamente alvo da crueldade e da violência na comunidade escolar. Para isso, é necessário especificar dentro dos Direitos Humanos a violência social e institucional praticada contra os direitos humanos LGBT. Especificar essa questão é questionar como travestis, *gays* e lésbicas são humilhados e constrangidos sem que os agentes desses atos reconheçam essa situação. Por exemplo, é comum que travestis e transexuais sejam alvo de risos e piadas dentro das salas de aula e nos espaços não formais de educação, sem que muitos se incomodem com essa forma de humilhação. Não compreender isso como afronta à dignidade humana é propiciar permissões culturais que chegam ao assassinado e agressões físicas tão comuns em relação a essa população em nosso país (MOTT, 2000). Estranhar esses comportamentos de humilhação, nomeá-los como atentado à dignidade humana, reconhecer os direitos dessas pessoas, etc. são modos de transformar e combater a homofobia.

Assim, podemos reconhecer que existem práticas preconceituosas, denominadas homofóbicas, que ferem a dignidade de seres humanos dentro e fora da escola. Lembramos que também podemos dizer que são práticas orientadas pela matriz heterossexista presente nas configurações sociais da educação. Essas práticas, orientadas por discursos sedimentados historicamente e repetidos no cotidiano, promovem a exclusão da população LGBT dos direitos de cidadania, constituindo um grave problema a ser enfrentado na educação.

Conceitos-chave
- Identidade de gênero;
- Orientação sexual;
- Homofobia;
- Escola democrática.

Arquivo dos/as professores/as

Pare aqui! Responda às questões a seguir para continuar a leitura.

Questões

a) Com base no conteúdo deste capítulo, você poderá identificar quais argumentos sobre as sexualidades ainda ferem a população LGBT e a excluem das escolas?

b) Que argumentos poderiam ser usados para fortalecer o direito de ingresso e a permanência da população LGBT na educação?

O que você faria?

Pronto! Agora que você fez a atividade anterior, já pode pensar em levar esta temática para a sala de aula. Leia o texto com seus/suas alunos/as e faça um debate. Fique atento/a aos argumentos que surgem durante a discussão. São argumentos que reforçam os direitos de cidadania? Caso os estudantes tenham oportunidade de usar o computador, veja com eles o site indicado adiante, em "Para saber mais". Faça uma análise crítica dos argumentos utilizados.

Discriminação afeta desempenho escolar de alunos homossexuais

O estudante Hernanny Queiroz conta que teve o desempenho escolar afetado pela discriminação que sofria por ser homossexual.

Brasília - Quando assumiu sua homossexualidade, Hernanny Queiroz tinha 16 anos e cursava o 2º ano do ensino médio. As piadas e xingamentos que ele ouvia frequentemente acabaram fazendo com que fosse reprovado aquele ano. "Eu comecei a não ir mais para o colégio, faltei tanto que repeti. Quando eu ia as pessoas falavam mal de mim e sempre acabava dando confusão", lembra. A história do jovem, hoje com 19 anos, é semelhante à de muitos estudantes *gays*, lésbicas, travestis e transexuais que têm o desempenho escolar prejudicado pela discriminação que enfrentam. De acordo com a psicóloga especialista em sexualidade da Universidade Católica de Brasília (UCB) Claudiene Santos, a homofobia no espaço escolar está presente em todos os níveis – desde o ensino fundamental até o superior. "A autoestima dessas pessoas que são discriminadas fica muito baixa. Como ela pode estar em um lugar em que os outros não a aceitam como ela é de verdade? A consequência em geral é a evasão", acrescenta a especialista, que integra o Grupo de Pesquisa Sexualidade e Vida, da Universidade de São Paulo (USP/CNPq). Na avaliação da professora, a homofobia no espaço escolar é mais comum entre alunos. Mas os educadores acabam sendo coniventes ao não intervir, responsabilizar ou orientar os estudantes que cometem a agressão. "O esforço para esse aluno que é vítima de discriminação se manter na escola tem que ser muito maior. Ele ou ela tem que se esforçar para estabelecer relações sociais minimamente respeitosas", completa.

Para a coordenadora-geral de Direitos Humanos do Ministério da Educação (MEC), Rosiléa Wille, os professores não têm ideia do impacto de suas atitudes sobre o estudante. "Se tem um menino *gay* na escola e a professora diz para ele não se vestir daquele jeito, não falar daquele jeito ou não usar um caderno de florzinha, muitas vezes ela acha que está fazendo um bem. E o aluno não se sente respeitado, não se sente compreendido", pondera a coordenadora-geral. O jovem Hernanny Queiroz lembra que certa vez um colega de escola o empurrou e o chamou de "viado". Os dois acabaram brigando e foram levados para a coordenação, mas só ele foi suspenso. O educador Beto de Jesus, representante na América Latina da Associação Internacional de Lésbicas, *Gays*, Bissexuais, Trans e Intersexo (ILGA), lembra que a Constituição Federal garante o direito à educação. "Ela fala em todas. Por isso, a discriminação é uma violação imensa." Mesmo que os conflitos sejam entre alunos, Claudiene defende que a escola precisa se posicionar e combater atitudes homofóbicas. "O preconceito vem de casa, mas a escola, como um espaço de educação, pode fazer com que esses estudantes modifiquem suas próprias visões e até mesmo as visões de seus parentes", afirma.

AGÊNCIA BRASIL

Amanda Cieglinski

Repórter da Agência Brasil

24 de julho de 2009 - 07h53 - Última modificação em 27 de julho de 2009 - 09h02

Edição: Juliana Andrade e Lílian Beraldo

Disponível em: <http://www.agenciabrasil.gov.br/noticias/2009/07/23/materia.2009-07-23.8553598175/view>. Acesso em: 24 jul. 2009.

Para saber mais

Para aprofundamento das questões colocadas no texto, sugerimos:

Livro

PRADO, M. A. M; MACHADO, F. V. *Preconceito contra homossexualidades* - a hierarquia da invisibilidade. São Paulo: Cortez, 2008.

JUNQUEIRA, R. D. (Org.). *Diversidade sexual na educação*: problematizações sobre a homofobia nas escolas. Brasília: Ministério da Educação, Secretaria de Educação Continuada, Alfabetização e Diversidade, UNESCO, 2009. Esse livro traz 16 artigos que analisam questões polêmicas na educação e especificam debates, como a questão da deficiência e os padrões de normalidade, dos direitos humanos, da transexualidade, entre outras. Ele se encontra livre na internet no sítio eletrônico: <http://unesdoc.unesco.org/images/0018/001871/187191por.pdf>.

Artigo

RIOS, R. R. Para um direito democrático da sexualidade. *Horizontes antropológicos,* (12) 26, 71-100. Porto Alegre, 2006.

Filme

TRANSAMÉRICA: um homem prestes a fazer a cirurgia de mudança de sexo descobre que possui um filho e que este quer conhecê-lo. Em uma longa viagem, tentarão descobrir um ao outro (direção: Duncan Tucker. Estados Unidos: IFC Films, 2005. 1 DVD [103 min] son. cor. legendado em português).

Site

Homofobia: o preconceito nas escolas. Disponível em: <http://www.agenciabrasil.gov.br/grandes-reportagens/2009/07/24/grande_reportagem.2009-07-24.1776781658/view>. Acesso em 15 dez. 2009

CAPÍTULO 4

A cidadania LGBT nas configurações da educação formal e da educação não formal

Resumo
Neste capítulo, faremos uma análise da importância dos espaços não formais de educação na construção da cidadania LGBT. Para isso, procuramos demonstrar como as configurações sociais da educação formal podem ser refratárias à integração da diversidade sexual em seus espaços. Procuramos também explicar o preconceito e a discriminação contra a população LGBT como um modo de funcionamento social, como argumentos presentes nas configurações sociais, utilizados ou não pelos educadores. Sem desqualificar os espaços formais de educação, buscamos mostrar como eles podem enriquecer-se com a crítica e a criatividade de contextos não formais de educação. Por fim, buscamos caracterizar as configurações da educação provenientes do heterossexismo, que inferioriza a população LGBT nos espaços da escola.

Objetivos
✓ Contextualizar a educação não formal e a educação formal, e esclarecer suas relações com a promoção da cidadania LGBT.
✓ Apontar os movimentos e as organizações sociais de luta pelos direitos LGBT como espaços de formação da cidadania.
✓ Caracterizar as configurações do preconceito na escola.

Neste capítulo, situaremos duas realidades da educação – a formal e a não formal – em relação à diversidade sexual. Sabemos que no Brasil elas se encontram e se desencontram de diferentes maneiras, como veremos a seguir. Todavia, queremos salientar que ambas são orientadas por metas semelhantes:

a formação de sujeitos que, no processo de transformação promovido pela educação, sejam capazes não apenas de executar tarefas técnicas, mas também de entender e defender seus direitos de cidadania.

A educação da população LGBT, entre outros grupos discriminados historicamente, parece cumprir-se melhor em espaços não formais. As configurações sociais dos diferentes espaços de educação possibilitam opções diversas de ação. A noção de configuração pode nos ajudar a compreender um pouco mais essa questão.

As configurações são elaboradas ao longo da história. Retomando a metáfora do baile, já usada neste caderno, podemos pensar como configurações as roupas usadas, os modos de tratamento, as preferências gastronômicas, entre outras coisas. Podemos concebê-las como um conjunto de formas de expressão utilizadas pelas pessoas para se identificarem e se direcionarem umas às outras. Imagine um baile *funk*: existem roupas, palavras e gestos que são diferentes de um baile de debutantes do interior do País. Ainda é difícil pensar um baile *funk* de debutante ou imaginar uma menina com seu vestido de gala requebrando no baile *funk*. Assim as pessoas se dirigem umas às outras por ligações afetivas, além das econômicas e políticas. Os símbolos terão uma enorme importância nas ligações afetivas, pois provocam emoções que orientam os processos de identificação das pessoas (ELIAS, 1970). Por isso, cada pessoa, ao se ligar-se a alguém, pode participar de uma gama infinita de ligações desse outro. Onde ou como essas ligações podem ser mais favoráveis na construção de uma cultura de paz também para população LGBT?

Um jovem *gay* pode aprender sobre seus direitos de cidadania participando de contextos não formais de educação e também de processos escolarizáveis da educação formal, porém esse aprendizado será mais bem assimilado em ambientes onde as ligações afetivas conseguirem maior êxito

Ao fazermos nossas reflexões sobre diversidade sexual em oficinas, dinâmicas e outras modalidades de atividade educativa, devemos entender o contexto em que elas ocorrem, o que as solicita, como emergem, etc. Isso diferencia uma organização não governamental de uma escola. É importante salientar que não consideramos a educação formal nem pior, nem melhor que as demais. Contudo, achamos necessário reconhecer, no espaço formal de educação, a força da matriz heterossexista que obstaculiza a integração da diversidade sexual na escola (JUNQUEIRA, 2009). Talvez seja possível refletir mais adequadamente sobre como aproveitar melhor o vasto número de experiências vividas nos espaços não formais de educação para poder auxiliar no cumprimento das finalidades educacionais, especialmente na construção de uma escola inclusiva e democrática.

Desde a época moderna, a educação e a escola são consideradas fundamentais para o desenvolvimento de uma sociedade. A educação não se restringe aos espaços escolarizáveis, refere-se à escola, mas aponta para além dela: para os espaços não formais de educação de sujeitos. Esses espaços podem existir nos movimentos sociais, nas organizações não governamentais, enfim, nos locais que pretendem transformar crianças, jovens e adultos em cidadãos. Temos também a família e os grupos espontâneos, que são considerados informais, mas aqui gostaríamos de focalizar os não formais.

Ao participar de um grupo ou associação de *gays* ou lésbicas, os indivíduos recebem informações, debatem situações específicas de discriminação que vivem e conseguem identificar ameaças e parcerias. Tanto educadores/as como educandos/as podem se beneficiar com parcerias e participações nesses espaços não formais de educação. Existem associações, grupos e organizações LGBT que podem desempenhar importantes papéis nas pequenas e nas grandes cidades. Porém, muitas vezes eles não são chamados ao diálogo pelas escolas e, mesmo quando buscam estabelecer formas de parceria, são rechaçados. Aqui temos o funcionamento da matriz heterossexista, que recusa o contato com os grupos da diversidade sexual.

Devemos lembrar que, neste caderno, entendemos a diversidade sexual como referente tanto às diferenças sexuais quanto à variedade de práticas sexuais que questionam a heterossexualidade como única possibilidade aceitável. Muitas vezes, *gays*, lésbicas, transexuais e travestis despertam nas pessoas raivas, repulsas, medos, etc. Porém, essas pessoas não percebem que isso é resultado de uma assimilação de conceitos construídos.

Saber questionar nossas ideias preconcebidas é um posicionamento ético. A ética se revela quando permitimos que o diferente fale sobre nós mesmos e questione nossas posições; a postura ética se revela sobretudo na abertura ao diferente, permitindo a palavra e a vida do outro, o que pode ser definido como alteridade. Essa experiência muitas vezes ajuda quem dela participa a se localizar na sociedade, a nomear a si e às suas necessidades. Ela também ajuda o participante a aprender a importância da alteridade, do reconhecimento do outro como alguém que pode ser diferente e que também é portador de direitos.

A escola, como um dos instrumentos da educação formal, constitui um espaço sistematizado e regido por leis e normas padronizadas. Ela possui como meta a diplomação e a capacitação dos sujeitos para desenvolver tarefas específicas. Nela a disciplina e os papéis de quem educa e de quem aprende são bem mais delimitados.

Geralmente as discussões sobre sexualidades nesse contexto são marcadas pelos preconceitos e limitadas pelo debate da reprodução humana, da descrição da anatomia dos corpos e assim por diante. Ainda é frequente esse debate, e os/as educadores/as, mesmo participando de cursos de aperfeiçoamento, não se sentem confortáveis para alargá-lo. Muitas vezes ao levantar o debate sobre os direitos humanos da população LGBT ou simplesmente analisar questões da diversidade sexual, o/a educador/as terá que se haver com suas próprias questões (Ribeiro; Soares; Fernandes, 2009).

Em projetos nos quais atuamos na formação continuada de educadores/as, sempre identificamos a dificuldade de educadores/as com a população LGBT. Na maioria das vezes, a pessoa que participou do curso sente que foi um ganho pessoal, mas não vê como socializar os conhecimentos adquiridos. Outros projetos nessa área reconhecem a mesma dificuldade, como o desenvolvido pelo grupo Nuances, de Porto Alegre (Nardi, 2006). Segundo esse grupo o obstáculo se deve ao fato de que a escola ainda localiza o preconceito contra a população LGBT como uma ação do indivíduo. É evidente que cada pessoa deve responder pelos seus atos diante da comunidade política, mas é preciso reconhecer que as configurações sociais heterossexistas regulam as relações sociais. Caso contrário, continuaremos "comendo o pirão pelas beiradas". É preciso propor ações coletivas dentro da escola a partir das possibilidades existentes ou das que serão ainda criadas.

A escola, como representante da educação formal, possui também uma configuração muito específica, elaborada durante décadas, que é extremamente resistente aos processos de mudança. As configurações da escola se ligam diretamente ao País, ao estado, à cidade e à localidade em que ela encontra. As funções de professor/a, de diretor/a e de aluno/a são marcadas pelo disciplinamento próprio das escolas na relação com esses contextos. Mesmo quando trata de problemas de violência, indisciplina e outros próprios das realidades escolares, os processos de mudança sofrem resistência. Isso ocorre devido à permanência de mecanismos, como registro de alunos, cargas horárias a ser cumpridas, calendário letivo, currículos pré-fabricados e inflexíveis, entre outros, que sustentam os debates sobre sexualidade como questões escolarizáveis (Louro, 2001).

Porém, existem argumentos fundamentais na educação formal para a questão da integração da diversidade sexual. Esses argumentos se referem às definições do Estado laico e democrático, no caso brasileiro. Nessa configuração de Estado laico, podemos questionar o cristianismo e outros grupos religiosos, e as suas definições de sexualidade, que prejudicam os direitos de cidadania. O cristianismo trouxe noções importantes para a formulação desses direitos, relativas à solidariedade entre os povos, à defesa dos mais pobres, à denúncia das injustiças sociais; contudo, também articulou uma noção de sexualidade bem reduzida. Devemos também considerar que no cristianismo, especificamente na vertente católica, existem grupos minoritários construindo releituras da matriz heterossexista (Torres, 2005); inclusive, alguns teólogos cristãos, apesar de seu número bastante reduzido, argumentam favoravelmente aos direitos LGBT (Musskopf, 2008). Os argumentos do cristianismo já analisados no capítulo 2 deste caderno serviram de fundamentos morais para discursos da Medicina, do Direito e da Educação. Em tais argumentos, o que se firmou de maneira ampla não foram as diferenças e as controvérsias internas do cristianismo, mas o heterossexismo. O sexo entre duas pessoas era considerado lícitas apenas quando visava à procriação. É evidente que nas figurações sociais existem novos discursos tão ou mais poderosos que o religioso, porém ele vigorou durante muitos séculos, deixando marcas profundas na formação de nossos conceitos e preconceitos, conforme as pesquisas sobre preconceito e educação (Brasil, 2009) que analisaremos logo mais.

Assim, devemos deixar claro que, se os/as educadores/as não conseguem desenvolver e socializar as informações que recebem nos cursos de aperfeiçoamento e na faculdade, é por causa das configurações das quais todos participam. Por isso, precisamos aprender como articular novas compreensões que ajudem a fazer da educação não só um espaço de formação para o trabalho, mas também para o desenvolvimento de uma cidadania que inclua as diversidades. É preciso combater de maneira crítica e criativa os argumentos que estigmatizam a população LGBT. Assim, queremos observar que existem diferenças e aprendizados nos contextos não formais de educação que poderiam ser mais bem aproveitados na educação formal para uma educação mais inclusiva.

Maria da Glória Gohn (2009) analisa como a educação não formal ainda é pouco reconhecida pela academia e pela sociedade em geral, embora seja de suma importância na construção da cidadania:

> A educação não formal é uma área que o senso comum e a mídia usualmente não vêem e não tratam como educação porque não são processos escolarizáveis. A educação não formal designa um processo com várias dimensões tais como: a

> aprendizagem política dos direitos dos indivíduos enquanto cidadãos; a capacitação dos indivíduos para o trabalho, por meio da aprendizagem de habilidades e/ou desenvolvimento de potencialidades; a aprendizagem e exercício de práticas que capacitam os indivíduos a se organizarem com objetivos comunitários, voltadas para a solução de problemas coletivos cotidianos; a aprendizagem de conteúdos que possibilitem aos indivíduos fazerem uma leitura do mundo do ponto de vista de compreensão do que se passa ao seu redor; a educação desenvolvida na mídia e pela mídia, em especial a eletrônica, etc. São processos de auto-aprendizagem / autoaprendizagem e aprendizagem coletiva adquirida a partir da experiência em ações organizadas segundo os eixos temáticos: questões étnico-raciais, gênero, geracionais e de idade, etc. (GOHN, 2009, p. 31).

As configurações da educação se mostram extremamente potentes, capazes de manter certos elementos culturais, passando-os de geração a geração. Elas resistem às análises críticas que denunciam os preconceitos e atingem com violência pessoas e grupos historicamente colocados como inferiores. Todavia, é possível reorientá-las por meio de ações coletivas, de questionamentos de discursos que desnaturalizaram as sexualidades e de diálogos com a educação não formal. Nas ações e nas propostas educativas de grupos e movimentos de defesa dos direitos LGBT, existem questões que podem auxiliar significativamente a educação. É preciso que a escola e as pesquisas acadêmicas dialoguem mais com os espaços não formais de educação, numa troca mútua de saberes e fazeres, tendo em vista uma sociedade mais justa e menos excludente.

Agora faremos uma breve caracterização de questões específicas da integração das diversidades sexuais na escola, a ser analisadas criticamente. Muitas vezes, essas questões circulam pouco nos espaços formais de educação. Geralmente, o preconceito é tão intenso que, se alguém fala sobre elas, já passa a ser considerado *gay*, lésbica, etc. O medo de muitos de ser associado à diversidade sexual provoca uma seleção de temas extremamente preconceituosa, inclusive entre os/as próprios/as alunos/as ligados/as a grupos religiosos, como veremos nas pesquisas a seguir.

Características das configurações da educação formal que nos indicam o preconceito

As questões relativas à diversidade sexual e ao alargamento dessa noção são agora percebidas na comunidade escolar mais do que em outras épocas, pois fica cada vez mais claro que a escola é um lugar de reprodução dos preconceitos e, por isso, é também um espaço importante para combatê-los. O surgimento de movimentos sociais na educação (Gohn, 2005), o estabelecimento de parcerias entre militância e academia nos debates sobre sexualidade (Carrara; Ramos, 2006), o desenvolvimento de concepções de escola que têm que vista a formação para a cidadania, entre outros fatos, fazem necessária a visibilização de certos dados que revelem o preconceito e seus desdobramentos na educação.

Na escola, por meio de formas explícitas ou do currículo oculto, o preconceito contribui para a interiorização individual. A atenção a situações cotidianas possibilita uma análise crítica do mito da liberalidade dos brasileiros em relação à sexualidade. Uma pesquisa de opinião pública realizada recentemente pelas fundações Perseu Abramo e Rosa Luxemburgo (Fundação Perseu Abramo, 2008) revela que muitos/as brasileiros/as concordam que os papéis sexuais são definidos pelo sexo biológico. Em menor escala, aparecem discursos médicos e outras formas de saberes articulando-se em afirmações morais que não valorizam a diversidade sexual e, por vezes, inferiorizam a comunidade LGBT. Verifica-se ainda a articulação de saberes religiosos para a corroboração da ideia de que as homossexualidades são indevidas.

Esses resultados mostram que há um grande obstáculo para a construção de um Estado laico, pois indicam como noções de pecado são retomadas não somente no cotidiano, mas também dentro dos espaços de formação e ação política dos sujeitos. Na pesquisa da Fundação Perseu Abramo, foi citada a seguinte frase para os informantes: "Deus fez o homem e a mulher [com sexos diferentes] para que cumpram seu papel e tenham filhos". Na população entrevistada, essa frase teve uma concordância de 11 em cada 12 brasileiros/as. Segundo a pesquisa, 92% dos entrevistados concordam, em algum grau, com a frase citada, e 84% deles concordam totalmente com ela; apenas 8% teriam uma concordância parcial com a afirmação feita. Vemos como os argumentos religiosos e outros derivados de uma cultura marcada pelo cristianismo precisam ser analisados criticamente nas configurações heterossexistas da educação. São argumentos que obstaculizam os direitos de cidadania da população LGBT. Propomos o termo configurações heterossexistas para salientar que o preconceito é um sistema social, e não algo intrínseco ao sujeito. Contudo, isso não retira a responsabilidade sobre os atos individuais que possam ser passíveis de criminalização. Nessas figurações sociais, estão os educadores/as, os educandos/as e os demais agentes da comunidade escolar.

Na pesquisa, em menor escala, aparecem discursos médicos e outras formas de saber articulando-se em afirmações morais que inferiorizam a população LGBT. É interessante que "as identidades sexuais só perderam em taxa de intolerância para dois líderes incontestes: ateus [...] e usuários de droga [...]" (VENTURINI, 2008, p. 23). Isso mostra o poder de uma configuração na hierarquização social que toma alguns como alvos preferenciais da exclusão, uma vez que a intolerância indica o desejo tanto de eliminação como de subalternização dos intolerados. A humanidade conheceu vários momentos, como o nazismo na Alemanha, o *apartheid* na África do Sul, entre outros, em que se conseguiu articular o ódio e a segregação por meio dessas formas de hierarquização social. Por isso, devemos ficar atentos ao modo como a escola pode contribuir para alterar e combater os argumentos que excluem a população LGBT. Ao mesmo tempo, devemos questionar profundamente a escola quando ela reitera aquelas formas de hierarquização social.

Nas configurações da escola, o preconceito e a subjetivação dele por lésbicas, *gays* e especialmente por travestis e transexuais podem criar permissões culturais de violência e violação dos direitos de cidadania. A violência e a violação atingem alunos/as e educadores/as que pertencem aos grupos identificados como LGBT; atinge, inclusive, aqueles/as que ainda "estão no armário", que não assumiram publicamente uma orientação sexual e uma identidade de gênero que se oponha ao heterossexismo.

Assim, muitas pessoas permanecem na impossibilidade de se expressar livremente, de compartilhar sua vida e seus afetos. Devemos lembrar que tão grave quanto essas questões é o fato de que essas pessoas ficam impedidas de usufruir dos direitos de cidadania ou dos direitos relacionados às sexualidades, como adotar crianças, estabelecer contratos conjugais, etc.

Para a integração da diversidade sexual, é preciso atentar para algumas questões. Mesmo que saibamos que "sair do armário" pode ser um ato político importante, ninguém deve ser forçado/a a falar sobre sua sexualidade, ser exposto/a e ridicularizado/a. O grupo Nuances, por meio de um projeto desenvolvido em Porto Alegre, define a decisão de "sair do armário", isto é, de assumir publicamente a homossexualidade, como uma possibilidade política "no sentido da necessidade de estabelecer estratégias de desnaturalização dos modos de pensar/intervir no campo das sexualidades" (Nardi; Pocahy, 2007, p. 52).

Porém, somente o ato de assumir a orientação sexual não é garantia de superação da inferioridade internalizada e da consecução do reconhecimento, pois pode apenas se tornar um evento exótico na escola, relacionado ao cumprimento do papel reservado aos LGBT. A capacidade de recepção da comunidade escolar é fundamental para a significação da saída do armário, situação em que educadores e educadoras possuem um papel fundamental. Mas é inegável que abrir o armário nos contextos possíveis e debater o preconceito e a discriminação pode ser bom para a educação como um todo.

Toda a educação fica prejudicada com o preconceito, segundo afirma a pesquisa "Preconceito e discriminação no ambiente escolar", da Fundação Instituto de Pesquisas Econômicas (Fipe). Essa pesquisa foi apresentada em 2009 pela Secretaria de Educação Continuada, Alfabetização e Diversidade Sexual na Escola (SECAD) do Ministério da Educação (MEC). A abrangência dos dados foi de 501 escolas públicas do País. Foram entrevistados os diversos membros da comunidade escolar (alunos, pais e mães, diretores, professores e funcionários) e aferidas várias formas de preconceito: etnorracial, territorial, socioeconômico, referente a portadores de necessidades especiais, a gênero, a geração e a orientação sexual. O estudo revelou que 96,5% dos entrevistados têm preconceito contra portadores de necessidades especiais; 94,2% têm preconceito etnorracial; 93,5%, de gênero; 91%, de geração; 87,5%, socioeconômico; 87,3%, com relação à orientação sexual; e 75,95% têm preconceito territorial.

O coordenador da pesquisa realizada pela Fipe, José Afonso Mazzon, afirma que na escola o preconceito aparece de forma ampla. Conforme a pesquisa, podemos afirmar que o preconceito estabelece limites aos grupos atingidos por ele, por meio da pressão social e da violência a que são submetidos os alvos das discriminações. No ambiente escolar, o preconceito, a discriminação e as práticas discriminatórias ofensivas se relacionam diretamente com o desempenho dos/as alunos/as e dos professores/as.

Para esta análise, foram usados os resultados obtidos por alunos/as da 4ª à 8ª série do ensino fundamental da rede pública nos exames de Português e Matemática da Prova Brasil de 2007. As notas mais baixas estavam relacionadas às escolas com maior índice de intolerância aos diferentes, ou seja, com maior índice de preconceito. Outro resultado obtido pelo estudo da Fipe é que alunos com forte participação religiosa (católicos, 65%; evangélicos, 31,2%) apresentam tendência a ser mais preconceituosos, especificamente em relação aos homossexuais (termo usado na pesquisa).

Assim, podemos indicar que no Ocidente os argumentos religiosos foram fundamentais no ocidente na constituição da homofobia nas formas de violência figuradas na comunidade escolar, pois estes, seguidos pelos discursos médicos na modernidade esses argumentos elaboraram e sustentaram a matriz heterossexista.

Nesse sentido, para compreender a discriminação sexual, aqui mencionada, é preciso entender o funcionamento da matriz heterossexista na regulação dos corpos. Como Butler trata no texto *Los cuerpos que importam* (Butler, 2002) o corpo heterossexual masculino pode ser compreendido como um efeito discursivo regulador dos demais corpos. Nessa regulação o homem permanece como viril, penetrador, dominador, etc., sendo qualquer desempenho na lógica da passividade, feminilidade, penetrada, dominada, etc., associado à mulher. Assim, os LGBT e outras formas da sexualidade são rechaçados como algo indevido pelos discursos articulados na história do Ocidente por meio discursos religiosos, médicos e morais.

O preconceito contra LGBT atinge todos na comunidade escolar: dos serviçais aos cargos da direção. Enquanto o preconceito não for reconhecido como figuração que regula as relações educacionais de toda a comunidade escolar, ficaremos procurando a homofobia nas pessoas. É preciso repetir que as diferenças de identidade de gênero e orientação sexual também são direitos humanos a serem reconhecidos.

Quando falamos da humilhação e da violência explícita, temos situações claras de homofobia. Entre educadores/as que leram essa discussão estava claro que era algo que exigia a mediação de membros da comunidade escolar. Contudo, essa situação possui vários condicionantes anteriores. Entre eles, a ausência de representações nos livros e materiais didáticos (Lionço; Diniz, 2009). Essa ausência é um silenciamento sobre os LGBT que, entre outros fatores, permite a eclosão de situações de homofobia. Esse silêncio reitera a lógica da matriz heterossexista, que representa o homem heterossexual hierarquicamente acima de todas as demais sexualidades.

Levando-se em conta essas características do preconceito na educação, é importante reafirmar que a educação inclusiva fica prejudicada, pois a permanência da população LGBT não se efetiva. Os modos de exclusão são por vezes sutis, não estão localizados em um educador, em uma diretora, em determinados alunos. Porém, o preconceito que exclui rege a comunidade escolar como uma grande festa feita para quem se enquadra no sistema. Assim, é preciso opor-se a ele sem criar bodes expiatórios para o problema. O primeiro passo é reconhecer o heterossexismo que trazemos em nossa formação cultural. Depois, pensar criativamente em formas de combatê-lo, por meio das parcerias entre educação formal e não formal, da efetivação das políticas públicas em favor da população LGBT e da criação de novas formas de ação com respeito a questões específicas de cada contexto social.

Conceitos-chave

- Educação não formal;
- Configurações heterossexistas da educação;
- Movimentos e organizações sociais.

Arquivo dos/as professores/as:

Pare aqui! Responda às questões a seguir para continuar a leitura.

Questões

a) Busque pensar quais ações e contextos não formais de educação em favor dos direitos de cidadania LGBT se relacionam com sua realidade. Como eles são classificados entre seus colegas de trabalho e seus/suas alunos/as?

b) Você já conhecia a pesquisa sobre preconceito na escola produzida pela Fipe? Quais as maneiras de socializar as informações dessa pesquisa na comunidade escolar?

c) Como você socializaria essas informações entre pais, mestres e alunos?

O que você faria?

Reportagem: O Daniel ou a Dani?

Professora transexual é lotada na Escola Carmela Dutra

Julho 3, 2009

Na última semana uma reportagem do Diário da Amazônia noticiou o caso da professora Vitória Bacon, 27 anos, profissional da área da Educação, com mestrado em Física e Letras, que denunciou que estava sendo impedida de trabalhar em escolas públicas do Estado, por preconceito e discriminação. A professora disse que foi agredida com chacotas e afastada de várias escolas por pressão de pais e diretores. Vitória é transexual e relata que passou por diversas escolas da Capital das quais foi "demitida". A professora foi contratada no início deste ano pela Secretaria Estadual de Educação (Seduc) através da aprovação no concurso seletivo emergencial que tem um prazo de dois anos de validade.

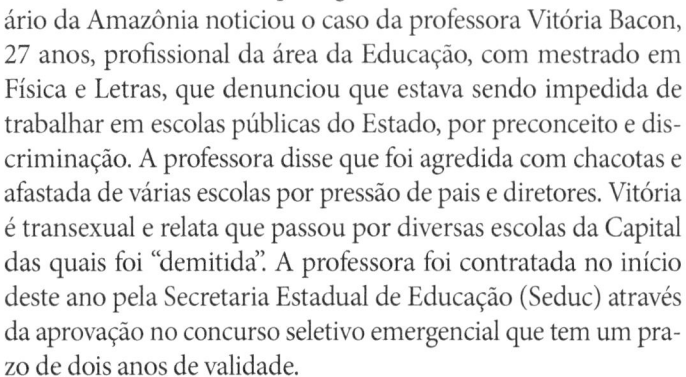

Sensibilizado com a situação da professora, que desde o dia 2 de junho aguardava uma lotação, o procurador de Justiça do Ministério Público Federal Ercias Rodrigues de Souza procurou se inteirar sobre o caso e intercedeu pela professora junto à secretária da Seduc, Marly Cahula, que alegou não ter conhecimento do fato e se prontificou em lotar Vitória em uma nova escola da cidade. "O meu termo de lotação saiu no dia 30 de junho e a secretária, que foi muito atenciosa comigo, me mandou para a Escola Carmela Dutra, no Centro", conta a professora.

Segundo Vitória, ela novamente passou pelo constrangimento de não ser aceita, mas a situação foi resolvida em uma reunião na sede da Seduc, entre a professora, a direção da escola e Marly Cahula. A diretora do Carmela Dutra, Iná de Aquino Freire, nega qualquer tipo de rejeição e diz que recebeu a professora com o devido respeito e profissionalismo. "Não houve nenhum problema referente a isso. Ela chegou até nós com o memorando de lotação, nós assinamos e nos reunimos na Seduc, sim, mas para acertar sobre providências por parte da secretaria para a lotação de um supervisor, que também estou precisando para trabalhar na escola. Quanto à professora, ela já vai começar a lecionar no próximo dia 15", declara.

A professora Vitória Bacon diz que tem medo de sofrer novas represálias, mas que já está se articulando junto à Seduc e a outros órgãos competentes, como a Procuradoria da Cidadania, para se resguardar contra qualquer tipo de problema.

Diário da Amazônia. Disponível em: <http://www.diariodaamazonia.com.br/canais.php?ch=Capital&noti=3064>. Acesso em 09/10/2009.

Para refletir

Como você analisa o heterossexismo na situação de Vitória? Que postura você assumiria se fosse da escola que teria discriminado Vitória?

Em sua cidade, você conhece educadores/as que foram discriminados/as devido à sua orientação sexual ou identidade de gênero? Qual sua postura nessa situação?

Para saber mais

Para aprofundamento das questões colocadas no texto, sugerimos:

Livro

BENTO, B. *A reinvenção do corpo: sexualidade e gênero na experiência transexual*. Rio de Janeiro: Garamond, 2006.

Artigo

DINIS, N. F. Educação, relações de gênero e diversidade sexual. *Educação e Sociedade*. Campinas, v. 29, n. 103, ago.. 2008.

Filme

MINHA VIDA EM COR-DE-ROSA. Relata a história de Ludovic, um menino que acredita ter nascido no corpo errado. Lutando para ser reconhecido como uma menina, ele despertará o mal-estar dos vizinhos, que começam fazê-lo passar por muitos sofrimentos (direção: Alain Berliner. França/Bélgica/

Inglaterra: Sony, 1998. 1 DVD [88 min.] son. color., legendado em português).

AMIGAS DE COLÉGIO. É um longa-metragem que relata o universo de duas garotas de uma pacata cidade que vão experimentar a paixão e as dificuldades para vivê-la. Elementos como o diário, a festa de aniversário de 15 anos e outros elementos do universo das adolescentes se mostram como mediadores dos conflitos e esperanças destas duas jovens (direção: Lukas Moodysson. Dinamarca/Suécia: Cult Filmes, 1998. 1 VHS [89 min.] son. Color.; legendado em português).

Sites

Leões do Norte. Entidade de defesa e promoção dos direitos humanos, na luta pela defesa do meio ambiente e da ecologia, pelo fim da exploração do homem pelo homem, em defesa de *gays*, lésbicas, bissexuais, travestis e transexuais. Disponível em: <http://www.leoesdonorte.org.br/>. Acesso em: 15 jul. 2009.

Grupos de Pais e Mães de Homossexuais. Primeira ONG brasileira fundada para acolher pais que desconfiam ter ou têm filhos homossexuais. Disponível em <http://www.gph.org.br>. Acesso em: 27 jul. 2009.

Comunicação em Sexualidade. Organização Não Governamental com 20 anos de atuação consolidada na defesa dos direitos humanos, com ênfase nos direitos sexuais e direitos reprodutivos, em especial de adolescentes e jovens, com a perspectiva de erradicar as discriminações relativas a gênero, orientação sexual, idade, raça/etnia, existência de deficiências, classe social. Disponível em: <http://www.ecos.org.br>. Acesso em: 10 jul. 2009.

Considerações finais

Desde o início do texto, enfatizamos, por meio da noção de diversidade sexual, a dinamicidade da construção das sexualidades nas últimas décadas, apesar da permanência de velhos argumentos sobre sexualidade nos discursos da educação e da sociedade ocidental. Por isso, sugerimos um alargamento da noção de diversidade sexual, sem tomá-la, contudo, como algo absoluto, capaz de explicar e discutir todos os conflitos, possibilidades e limites das sexualidades. Essa primeira consideração fez com que alternássemos dentro da noção de diversidade sexual as nomeações *gays, lésbicas, bissexuais, travestis* e *transexuais*.

Queremos, assim, evitar uma redução das identidades de gênero e das orientações sexuais a uma categoria apenas. Procuramos não descrever o que é cada uma dessas identidades e orientações relacionadas às sexualidades. Buscamos desviar nossa reflexão de rótulos e classificações, que não deveriam ser utilizados na educação. Partindo de uma noção flexível de diversidade sexual, evitamos encaixar o/a educando/a e o/a educador/a em definições ou categorias que restrinjam suas possibilidades sexuais. Uma pessoa que se defina como transexual ou bissexual deve ser compreendida em sua singularidade e no contexto sócio-histórico em que se encontra.

As possibilidades de diálogo ou de repressão relativas a um transexual serão fundamentais nas oportunidades de acesso aos seus direitos de cidadania que ele terá. As configurações sociais heterossexistas na educação impedem, muitas vezes, que essas pessoas sejam reconhecidas como cidadãs pelos outros e por si mesmas. Criar a possibilidade de mudança dependerá da capacidade de questionar essas configurações e rearticular outras. Para isso, não há técnicas ou receitas.

A análise de cada situação – um aluno que foi chamado de *gay* e humilhado no intervalo, uma professora lésbica que encontrou resistência por parte da direção da escola, um funcionário que sofreu humilhação por sua orientação sexual, etc. – dependerá do empoderamento dos grupos e dos sujeitos no cotidiano escolar. A ação contra o preconceito pode se originar de qualquer ponto da escola, assim como age a homofobia.

Nas reportagens deste caderno, vimos que, quando a direção da escola apresenta posturas preconceituosas, é preciso reagir. Mas, muitas vezes, as pessoas humilhadas e discriminadas não recebem o apoio necessário da comunidade escolar. Isso precisa mudar. O preconceito prejudica a todos os membros dessa comunidade e compromete a formação para a vida, como vimos nas pesquisas que citamos quando caracterizamos o heterossexismo na escola. Por isso, consideramos fundamental o reconhecimento de contextos não formais de educação que analisem e/ou lutem pelo reconhecimento da população LGBT.

Este caderno que você tem em mãos é um diálogo que buscou selecionar algumas questões que têm emergido em nossos trabalhos com educadores/as. Não tivemos a intenção de realizar uma discussão exaustiva sobre o tema; contudo, procuramos fornecer alguns parâmetros de análise que possam referenciar os debates sobre diversidade sexual: orientação sexual, identidade de gênero, homofobia e heterossexismo na escola.

Em alguns momentos no decorrer do texto, esses dois últimos termos parecem se confundir, pois ainda não são consensuais nos debates acadêmicos, na militância LGBT e nas políticas públicas. Também consideramos importante destacar os argumentos religiosos diante dos direitos LGBT pela importância que tais argumentos têm nos espaços educacionais e nas políticas públicas em geral de nosso país.

Queremos salientar que "homofobia" foi um termo convencionado pelas ações dos grupos e dos movimentos LGBT.

É também uma palavra que possui capilaridade no senso comum e nas políticas públicas. O termo "homofobia" é questionado devido à noção de fobia como uma característica psicológica de sujeitos e grupos. A palavra "heterossexismo" é preferida por vários grupos, especialmente os acadêmicos, devido à amplitude do seu significado, que ultrapassa a conotação psicológica.

Optamos por "heterossexismo" neste caderno para alargar a linguagem, aprimorar nossa capacidade de analisar a realidade por meio de novos vocábulos. Ambos os termos deverão ocorrer nas elaborações, e serão úteis quando bem empregados. A ideia de configuração social usada no caderno se coaduna mais com o termo "heterossexismo"; por isso, nossa preferência por ele.

Gostaríamos de considerar a importância do debate sobre os espaços não formais de educação para o reconhecimento da população LGBT como portadora de direitos de cidadania. Isso parece se relacionar ao fato de a educação não formal se integrar mais aos alargamentos por que passa a noção de cidadania. Cada movimento social que mobiliza a sociedade em função de demandas específicas contribui para a expansão dessa noção. As primeiras mulheres que lutaram no início do século XX pelo direito ao voto mobilizaram as comunidades políticas e expandiram seus direitos, não somente nos discursos e nos documentos, mas na ação efetiva de votar. Os movimentos de luta por direitos sexuais têm contribuído para que isso aconteça também com a diversidade sexual. As lutas específicas de lésbicas, *gays*, bissexuais, travestis e transexuais ajudam a alargar a noção de cidadania. Nesse ponto, a educação formal precisa acolher os debates colocados pela população LGBT na comunidade escolar.

Por suas características, a educação formal tende a dialogar apenas com a educação não formal mais próxima de seu espaço de ação e dos processos escolarizáveis. Geralmente as lutas da população LGBT se aproximam pouco da escola. Ultimamente algumas políticas públicas de formação e aperfeiçoamento de docentes têm promovido a aproximação entre as noções de diversidade sexual e a comunidade escolar. Nessas ações, os movimentos sociais e as organizações LGBT têm contribuído de maneira fundamental. Possibilitam denúncias, promovem debates e, na luta por direitos, fazem o questionamento necessário às práticas e às noções heterossexistas da educação.

Por fim, gostaríamos de dizer que as noções propostas neste caderno estão em constante elaboração e, mais ainda, são noções presentes em um campo com divergências internas e externas. Por isso, ao realizar os debates propostos no decorrer do texto, não busque por respostas muito exatas. Permita a divergência e o dissenso. Sem isso desrespeitamos a alteridade, a possibilidade de existência do diferente. Uma abertura às diferenças pode ser um grande passo para uma configuração democrática e participativa nos processos de formação. E, certamente, essa é a configuração que desejamos nos processos da comunidade escolar.

Referências

BENEDETTI, M. *Toda Ffeita: o corpo e o gênero das travestis*. Rio de Janeiro: Garamond, 2005.

BENEVIDES, M. V. Educação em direitos humanos: de que se trata? *Convenit Internacional*, USP, v. 6, p. 43-50, 2001.

BENTO, B. *A reinvenção do corpo. Sexualidade e gênero na experiência transexual*. Rio de Janeiro: Garamond, 2006 (p. 69).

BORRILLO, D. *Homofobia*. Barcelona: Bellaterra, 2001.

BOSWELL, J. *Christianity, Social Tolerance, and Homosexuality. Gay People in Wester Europe from the Benginning of the Cristian Era to the Forteenth Century*. Chigago: Phoenix edition, 1981.

BRASIL. Conselho Nacional de Combate à Discriminação. *Brasil sem homofobia: Programa de Combate à Violência e à Discriminação contra GLBT e de Promoção à Cidadania Homossexual*. Brasília: Ministério da Saúde, 2004.

BRASIL. Ministério da Educação. Instituto Nacional de Estudos e Pesquisas Educacionais. *Projeto de estudo sobre ações discriminatórias no âmbito escolar, organizadas de acordo com áreas temáticas, a saber, étnico racial, gênero, orientação sexual, geracional, territorial, pessoas com necessidades especiais (deficiência) e socioeconômicas*. São Paulo: FIPE/MEC/INEP, 2009.

BRASIL. Ministério da Educação. Secretaria de Educação Continuada, Alfabetização e Diversidade. *Gênero e diversidade sexual na escola: reconhecer diferenças e superar preconceitos*. Brasília: SECAD/MEC, 2007.

BUTLER, J. *Problemas de gênero: feminismo e subversão da identidade*. Tradução de Renato Aguiar. Rio de Janeiro: Civilização Brasileira, 2003.

BUTLER, J. Cuerpos que importan: sobre los límites materiales y discursivos del "sexo". Buenos Aires,: *Paidós*, 2002. p. 53-94, 2002.

CARRARA, S.; RAMOS, S. A constituição da problemática da violência contra homossexuais: a articulação entre ativismo e academia na elaboração de políticas públicas. *Physis* 16(2), p. 185-205. 2006.

CARRARA, S.; VIANNA, A. R. B. Sexual politics and sexual rights in Brazil: a case study. (pp. 27-52). In PARKER, Richard.; PETCHESKY, R.; SEMBER, R. (Eds.). *Reports from the front lines. Sexual Policy Watch.* 2007. Disponível em: <http://www.sxpolitics.org>. Acesso em: 17/02/2008.

CASTRO, M. G.; ABRAMOVAY, M.; SILVA, L. B. *Juventudes e sexualidade.* Brasília: UNESCO, 2004.

CHAUÍ, M. Direitos humanos e medo. In: Fester, A. C. R. (Org.). *Direitos humanos*: um debate necessário. São Paulo: Brasiliense, 1989. p. 15-36, 1989.

CORRÊA, S; PARKER, R. Preface. In: PARKER, R; PETCHESKY, R; SEMBER, R (Eds.). *Reports from the front lines. Sexual Policy Watch,* 2007. p. 5-7. em: <http://www.sxpolitics.org>. Acesso em: 17/02/2008.

ELIAS, N. *Introdução à sociologia.* Tradução de Maria Luisa Ribeiro. Lisboa: Edições 70, 1970.

ELIAS, N; SCOTSON, J. L. *Os estabelecidos e os outsiders: sociologia das relações de poder a partir de uma pequena comunidade.* Tradução de. Vera Ribeiro. Rio de Janeiro: Zahar, 2000.

ELIAS, N. *A sociedade de corte: investigação sobre a sociologia da realeza e da aristocracia de corte.* v. 1. Tradução de Pedro Sussekind. Rio de Janeiro: Zahar, 2001.

FACCHINI, R. *Sopa de letrinhas? movimento homossexual e produção de identidades coletivas nos anos 90.* Rio de Janeiro: Garamond, 2005.

FOUCAULT, M. *História da sexualidade I: a vontade de saber.* 15. ed. Rio de Janeiro: Graal, 2003a.

FOUCAULT, M. *História da sexualidade II*: o uso dos prazeres. 10. ed. Rio de Janeiro: Graal, 2003b.

FUNDAÇÃO PERSEU ABRAMO. *Diversidade Sexual e Homofobia no Brasil: Intolerância à diversidade sexual.* Disponível em: <http://devel.fpabramo.org.br/conteudo/intolerancia-diversidade-sexual>. Acesso em: 27 ago. 2009, 2008.

GOHN, M. G. M. *Movimentos sociais e educação.* 6. ed. São Paulo: Cortez, 2005.

GOHN, M. G. M. Educação não-formal e o papel do educador (a) social e os projetos sociais de inclusão social. *Ensaio. Avaliação e Políticas Públicas em Educação*, v. 1, p. 24-37, 2009.

GREEN, J. *Além do carnaval. A homossexualidade masculina no Brasil do sSéculo XX*. São Paulo: UNESP, 2000.

HARDIN, K. N. *Auto-estima para homossexuais*. Um guia para o amor próprio. São Paulo: Edições GLS, 2000.

INDONÉSIA (2006). Princípios de Yogyakarta. *Princípios sobre a aplicação da legislação internacional de direitos humanos em relação à orientação sexual e identidade de gênero*. Tradução de. Jones de Freitas. 2007. Retirado em 03/02/2008, do Observatório de Sexualidade e Política. Disponível em: <http://www.sxpolitics.org/frontlines/book/pdf/sexpolitics.pdf>.

JUNQUEIRA, R. D. (Org..). *Diversidade Ssexual na Eeducação*: problematizações sobre a homofobia nas escolas. Brasília: Ministério da Educação, Secretaria de Educação Continuada, Alfabetização e Diversidade, UNESCO, 2009.

KOSNIK; A. (Coord.). *A sexualidade humana. Novos rumos do pensamento católico americano.* Petrópolis: Vozes, 1982. p. 75.

KULICK, D. *Travesti*: prostituição, sexo, gênero e cultura no Brasil. Rio de Janeiro: Ed. Editora Fiocruz, 2008.

LEERS, B.; TRANSFERETTI, J. *Homossexuais e a ética cristã*: Campinas: Átomo, 2002.

LIONÇO, T.; DINIZ, D. (Orgs.). *Homofobia e Eeducação*: um desafio ao silêncio. Brasília: Ed.itora UNnB, 2009.

LOURO, G. L. Pedagogias da sexualidade. In: LOURO, Guacira Lopes. (Org.). *O corpo educado: pedagogias da sexualidade*. Belo Horizonte: Autêntica, 2001. p. 7-34.

MOTT, L.. *Violação dos direitos humanos e assassinato de homossexuais no Brasil* – 1999. Salvador: Ed. Grupo *Gay* da Bahia, 2000.

MOTT, L. *A revolução homossexual: o poder de um mito*. Revista USP. São Paulo, v. 49, n. 1, p. 40-59, mar./maio, 2001.

MUSSKOPF, A. S. *Via(da)gens teológicas – Itinerários para uma teologia queer no Brasil*. Tese (Doutorado em Teologia) - Programa de Pós-Graduação em Teologia, Escola Superior de Teologia, EST, Brasil, 2008.

NARDI, H. C.. A escola e a diversidade sexual. Boletim do NIPIAC - *Núcleo Interdisciplinar de Pesquisa e Intercâmbio para a Infância e a*

Adolescência Contemporâneas, Rio de Janeiro, v. 4, 21 ago. 1 – 4, 2006. Disponível em: <http://www.psicologia.ufrj.br/nipiac/blog/?p=38>. Acesso em: 20 fev. 2009.

NARDI, H. C.POCAHY, F. A. Saindo do armário e entrando em cena: sexualidades, juventudes e vulnerabilidades sociais. *Revista Estudos Feministas*. v. 15, p. 45-66, 2007.

PELÚCIO, L. *Abjeção e desejo:* uma etnografia travesti sobre o modelo preventivo de Aids. São Paulo: Annablume; Fapesp, 2009.

PRADO, M A M.; MACHADO, F. V.. *Preconceito contra homossexualidades - A hierarquia da invisibilidade*. São Paulo: Cortez, 2008.

PRADO, M. A. M.; RODRIGUES, C.; MACHADO, F. V. *Participação, política e homossexualidade: 8ª Parada do Orgulho GLBTT de Belo Horizonte*. Belo Horizonte: Prefeitura Municipal de Belo Horizonte, 2006.

RUBIN, G.; BUTLER, J. Tráfico sexual: entrevista. *Cadernos Pagu*, 21, p. 157-209, 2003.

TONELI, M. J. F. Homofobia em contextos jovens urbanos: contribuições dos estudos de gênero. *Psic* 7(2), p. 31-38, 2006.

TORRES, M. A. *Os significados da homossexualidade no discurso da igreja católica romana pós-concílio vaticano II: padres homossexuais, tolerância e formação hegemônica católica*. Dissertação (Mestrado em Psicologia) - Faculdade de Filosofia e Ciências Humanas. Universidade Federal de Minas Gerais. Belo Horizonte, 2005.

TORRES, M. A. Os significados da homossexualidade no discurso moral-religioso da igreja católica em condições históricas e contextuais específicas. *Revista de Estudos da Religião*, São Paulo, 1, p.142-152, 2006.

RIBEIRO, P. R. C; SOARES, G. F; FERNANDES, F. B. M. Ambientalização de Professores e Professoras Homossexuais no Espaço Escolar. In.: JUNQUEIRA, R. D. (oOrg.). *Diversidade Sexual na Educação*: problematizações sobre a homofobia nas escolas. Brasília: Ministério da Educação, Secretaria de Educação Continuada, Alfabetização e Diversidade, UNESCO, 2009.

VENTURINI, G. Intolerância à diversidade sexual. *Revista Teoria e Debate*. São Paulo, ano 21, n. 78, jul./ago. 2008, p. 20-23, 2008.